本书受 2023 年度吉林省社会科学基金项目
"马克思日常生活批判思想及其当代价值研究"（2023C11）、

2024 年度吉林省高教科研重点自筹课题
"吉林省高校数字化建设研究"（JGJX24C041）、

2024 年长春理工大学教育科学规划课题
"教育助推吉林省冰雪产业高质量发展路径研究"（XJZ2414）、

2025 年度长春市哲学社会科学规划项目
"长春市冰雪产业可持续发展研究"（CSKT2025ZX-140) 资助。

# 西方可持续发展的
## 理论演进

Research on the Evolution of Sustainable Development Theory
in Western Countries

于 珊 著

社会科学文献出版社
SOCIAL SCIENCES ACADEMIC PRESS (CHINA)

# 目　　录

# 第一章 可持续发展理论概述：
# 概念与演进

 

当前，世界正在经历百年未有之大变局，形势日益复杂和严峻。从国内来看，中国正处于社会转型期和矛盾凸显期，过去重资源重工业的粗放型经济增长方式已经难以为继，更不符合广大人民群众对美好生活的向往；从国际上看，全球气候变暖加速，国际形势波谲云诡，全球可持续发展面临巨大考验。面对复杂的国内国际形势，亟须探索并完善能够处理好人与自然的关系、具有中国特色的可持续发展理论，最终推动中国经济社会高质量、可持续发展。

党的十八大以来，习近平同志多次强调生态本身就是经济，保护生态就是发展生产力。2020 年 9 月，习近平主席在第 75 届联合国大会一般性辩论上宣布中国二氧化碳力争于 2030 年前达到峰值，努力争取 2060 年前实现碳中和。党的二十大报告指出：人与自然是生命共同体，无止境地向自然索取甚至破坏自然必然会遭到大自然的报复。我们坚持可持续发展，坚持节约优先、保护优先、自然恢复为主的方针，像保护眼睛一样保护自然和生态环境，坚定不移走生产发展、生活富裕、生态良好的文明发展道路，实现中华民族永续发展。① 这些都体现了中国的大国担当以及对实现人类可持续发展的坚定决心。回望历史，西方经济思想中不乏在西方社会已经验证过且行之有效的可持续发展理论，因此，探索具有中国特色的可持续发展理论，有必要对西方可持续发展理论进行系统梳理和总结。一方面，更好地吸收可持续发展理论的精华；另一方面，总结其发展规律和演进方向，为中国的可持续发展实践提供理论参考。

对西方可持续发展理论演进的研究具有重要的理论意义和现实意义。首先，在西方经济思想史的视域下，对 16 世纪以来可持续发展理论进行一次全面考察，通过梳理不同时代背景下的社会可持续发展问题及相关的理论成果等，建立起较为完整的西方可持续发展理论体系框架。其次，通过对比西方可持续发展理论与马克思经济学相关经济理论，剖析西方经济学与马克思经济学对人类可持续发展的不同看法，为发展我国可持续发展理论提供借鉴。从人类社会来说，可持续发展的研究涵盖人类社会生存和发展的方方面面，这些研究不仅关联现实世界中的个体和组织，还必然对人类子孙后代产生重大且全面的影响。因此，考察西方社会发展过程中所遇到的各种问题，能够对人类社会选择未来"如何发展"提供重要的经验。可持续发展研究在中国起步较晚，可持续发展理论在经济领域的研究还没有形成系统的框架，通过参考借鉴国外的研究方法和经验，能够为我国可持续发展理论的发展做出应有的贡献。

---

① 高举中国特色社会主义伟大旗帜 为全面建设社会主义现代化国家而团结奋斗 [N]. 人民日报，2022-10-17（002）.

## 第一节　何为可持续发展

目前关于可持续发展的概念众多，最具影响力的定义来自《我们共同的未来》。1987 年 4 月，世界环境与发展委员会发表了《我们共同的未来》，该报告以"可持续发展"为基本纲领，对人类未来将面临的重大发展问题提出一系列建议。报告以环境和发展两个问题为主线进行分析，希望通过研究能找到解决人类社会当前各种问题的有效途径和方法，为人类的可持续发展做贡献。报告中提到，尽管当前人类社会可以找到种种成功与希望的迹象，但是不可忽视的是，取得这些进展的同时，地球和人类也面临着很多失败。总结起来首先是发展的失败，比如世界上挨饿的人口数量达到了人类历史的顶峰、贫富差距越来越大。其次是人类环境管理的失败，物种灭绝速度之快令人震惊，另外，土壤沙化、全球气候变暖、水污染和大气污染等问题严重。面对这些挑战，世界环境与发展委员会定义了"可持续发展"的概念：可持续发展是既可以满足当代人的需求，又无损后代满足他们需求能力的那种发展。

《我们共同的未来》第一次提出了"可持续发展"的概念，是可持续发展理论进程中的一座里程碑。该定义要求每一代人都应该为子孙后代留下可用的自然资源。报告中多处提到可持续发展，比如，"我们发现需要一条新的发展道路，人类的进步不仅在少数几个地方持续了几年，而且还包括整个星球进入遥远的未来。因此，可持续发展不仅是发展中国家的目标，也是工业国家的目标"（世界环境与发展委员会，1997）。可持续发展概念中的"需求"包含两个关键方面的内容，一是世界上穷人们的基本需求，应该给以压倒一切的优先权；二是对技术状态施加限制的想法和社会组织对环境满足当前和未来的需求。世界各地的每一个生态系统都无法完好无损地保存下来，动植物物种的灭绝会极大地限制后代的选择，所以实现可持续发展需要保护植物和动物物种（世界环境与发展委员会，1997）。

目前对可持续发展的研究，内部形成了两种不同的研究范式：弱可持续发展和强可持续发展。强可持续发展强调的是社会、经济和环境都得到相应发展，而弱可持续发展更注重经济发展，即在发展过程中可以适当降低对环境的保护要求，优先进行发展。强可持续发展对应强可持续性概念，强可持续性要求必须保护稀缺资本，同时要推动经济增长，即维持经济增长和稀缺资本保护之间的平衡。没有充足的能源利用，增长不可能发生，甚至就连目前水平的经济活动也难以维持。强可持续性对生存和福利是至关重要的，即自然资本是不可替代的。弱可持续性和强可持续性的差异涉及人造资本与自然资本之间是否能替代的问题。弱可持续发展更加强调弱可持续性，一种形式资本的耗尽意味着其他资本的增加，即自然资本是可替代的。强可持续发展和弱可持续发展最根本的分歧在于：自然资本是否可以被替代。可持续发展的分类如图 1-1 所示。

关于经济和社会的发展是否应以牺牲环境为代价，即环境资源是否可以被替代的问题，在以往的研究中多位经济学家都表明了观点。部分学者支持强可持续发展的观点，如 Goodland 和 Ledec（1987）定义可持续发展为一种经济社会结构性转型，当前人类可获得的经济和社会效益，不会危及未来人类获得类似效益的可能

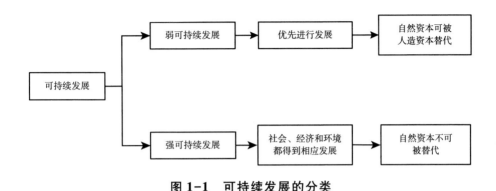

**图 1-1 可持续发展的分类**

性。可持续发展的一个主要目标是实现合理和可持续的经济福利的公平分配，并且这种公平分配要持续到许多代。可持续发展意味着一种不会消除或削弱子孙后代的权益的发展方式，可持续发展进一步意味着减少对不可再生能源的使用，不剥夺后代使用的权利，可持续发展还意味着要以足够慢的速度消耗不可再生能源，以确保社会有序地、高效率地向循环型社会转型。部分学者支持弱可持续发展的观点，如 Pirages（1977）认为可持续增长是指经济增长能够持续到可预见的未来。在一个理想的可持续社会，所有能源都来自太阳能，所有不可再生资源都将被回收利用。Turner（1988）则认为可持续发展与自然资源的可再生能力并无太大关联，他认为可持续增长和可持续发展是难以捉摸的。原则上，最优的可持续增长政策将寻求保持人均实际收入的稳定。因此，谈论不可再生能源的可持续利用是没有意义的，任何生产最终都会导致能源的消耗，在这种可持续发展模式下保护自然资源成为定义标准的唯一依据。

根据以上研究，我们可以大概知道可持续发展的研究是围绕着社会、经济和环境而进行讨论的，虽然目前关于可持续发展的定义在学界并不统一，但可以肯定的是在时间上，可持续发展要求的是永续发展，即要求未来的发展至少要保持现状，这涉及"代际公平"问题。而在环境方面它要求处理好两个问题，一是资源可得性（资源稀缺性）问题，二是环境污染问题。因此，本书主要从资源可得性和环境污染两个方面，探寻各种经济思想和理论中的可持续发展观念。

## 第二节　可持续发展研究主题的由来

一直以来，在西方经济学思想体系中可持续发展就是经济研究的重要主题，经济发展与环境保护的最终目标是实现人类发展的可持续。Allen（1980）认为发展与环境是相互的，发展取决于保护而保护取决于发展。人类和生物圈是相互依赖的，人类的生存和生存的质量完全取决于环境。Bartelmus（1986）认为环境与发展的总体目标是一致的，就是人类生活质量的总体提高和子孙后代的福利。Tolba（1987）认为从长远来看，经济发展与环境是相互依存并且是相辅相成的。Clark 和 Munn（1986）指出，纵观人类的历史，发展与环境之间的相互作用都是比较简单的，属于小范围的区域性事件。但是目前来看，这种作用正在变得复杂化和规模化。1987 年，世界银行提出，从长期来看经济增长与保护环境是相辅相成的，然而从短期来看，这两者并不总是相容的。有时贫困会造成环境恶化，如果环境恶化还没有变得完全无法控制，那么，要制定以经济发展为目标的相关政策来提高穷人的收入。不过也要注意，经济的增长也会造成环境的恶化，反过来威胁人的收入。因此，虽然经济增长对于减少贫困是必不可少的，但如果关注不足，将加剧贫困问题和环境问题。库拉（2007）曾提出，环境经济学的研究内容十分广泛，但其基本思路只有两个：一是把环境部门纳入经济系统，考虑自然与经济社会之间的物质平衡与循环利用，这里涉及自然与人类社会之间的正义问题；二是考虑代际公平的问题，即可持续发展问题。

对西方经济的相关研究中，无论是研究内容的变化还是研究方法的变化，都无法改变其研究的真实目的，即实现可持续发展。因此，本书以可持续发展作为研究主题，从西方经济的相关研究中，对有关可持续发展的思想、理论进行系统梳理和总结。

## 第三节　可持续发展的理论演进历程

得益于科学技术的创新，西方国家经济发展迅猛，与此同时，各种环境问题也频频出现，西方经济学家围绕自然环境与人类社会经济之间的各种问题进行了大量的研究，其中关于可持续发展的相关探讨也由来已久。人类社会早期的生产活动主要围绕农业和简单的畜牧业展开，16 世纪开始，西方封建主义衰落，资本主义萌芽，新兴资产阶级逐渐壮大，开始进行原始资本积累。随着资本主义的不断发展，18 世纪轰轰烈烈的工业革命迅速改变了西方社会结构，社会经济空前繁荣。在经济发展的同时，人口数量持续增长、非农从业人员大幅增加，自然资源也开始供不应求，各种次生环境问题逐渐显露，可持续发展观念逐渐产生。

在自由资本主义时期，人们主要关注经济社会中环境与人口问题对可持续发展的影响。上溯到斯密（Adam Smith）生活的时代，农业和工商业开始发展，他所看到的社会是一片欣欣向荣的，因而他鼓励人们去追求自我的利益。然而，随着人口数量增加，贫困以及大气污染、生态破坏等一系列环境相关问题也悄然滋生。1798年，马尔萨斯（Thomas Robert Malthus）的《人口原理》一书出版，该书详细地论述了他对社会未来的担忧。马尔萨斯注意到尽管社会整体财富大幅增加，贫困人口却没有减少。他认为与土地产出的有限生活资料相比，人口的增长是无限制的，如果这样下去，终有一天自然环境将对人类社会加以限制。李嘉图（David Ricardo）基本同意马尔萨斯关于人口的基本原理，他相信随着人口的增加，由于自然资源有限，即便存在技术进步，经济最终仍会处于停滞状态。穆勒（John Stuart Mill）虽然认为增长是不可持续的，但不同于马尔萨斯和李嘉图的悲观主义，他认为优质自然资源还有待发掘，对人类社会未来应持有乐观态度。但他表示持续性的经济增长和资本积累既不符合自然规律，也不能给人类带来长远福利。穆勒强调，需要通过公平的收入分配来使绝大多数人获得最大幸福。西斯蒙第（Sismondi）反对马尔萨斯的人口论，他相信如果工人拥有真正的自由，他们就能按照自己真实的意愿去决定何时繁衍下一代。西斯蒙第认为社会存在的诸多人口和环境问题，根源在于财富分配不均，只有将农业和工业归还给广大的小资产阶级生产者，社会才能够持续发展。西斯蒙第的想法为马克思主义的形成提供了理论借鉴①。这一时期古典经济学家们对可持续发展问题进行了最初的探讨，但是他们的分析仍然停留在对土地资源的使用和人口数量

---

① 在此补充说明马克思的相关思想：工业革命给西方社会带来了巨大财富，但马克思和恩格斯看到的是普通大众贫穷和肮脏的生活状态，马克思驳斥蒲鲁东关于贫穷的观点，表示根本原因不是快速增长的人口而是资本主义制度。在他看来，自然资源是大自然的馈赠，是富裕充足的，只有资本主义生产方式才会破坏土地，导致自然环境恶化。

的增长问题上，对于环境变化也多关注其对土壤肥力、农业产出的影响，而此时城市环境卫生问题和贫困人口数量增加也逐渐成为社会主要矛盾。

结合所处时代背景，古典经济学时期之后的经济学家认为土地和矿藏属于不同自然资源并对相关研究加以区分。边际效用学派用一种新的视角去分析资源耗竭、人类福利和未来物品等问题。他们认为在适当的条件下，土地是具有无限产能的，与农业产出相关的人口问题也不再是关注热点。奥地利学派对可持续发展相关问题也做了大量研究，他们强调人类对自然资源的利用，认为自然资源是不会枯竭的，而如何利用则取决于人类的需求和开发技术，目前所造成的环境问题源于不同人对资源使用的目的差异，解决环境问题需要首先解决这种人际冲突。由于对财富的狂热追求，人们更多地关注如何最大化地利用自然资源，此时产生了大量关于矿产资源稀缺和保护等问题的讨论。新古典经济学家将研究重点主要放在需求因素上。马歇尔（Alfred Marshall）认为对土地利用得当，就能保持产能，但矿产资源注定会枯竭。因此，他在 1890 年首次提出"内部经济"和"外部经济"概念。马歇尔的环境思想为后来经济学家关于环境外部性的讨论提供了无限的想象空间。他的学生庇古（Arthur Cecil Pigou）追随着他的脚步，进一步提出"内部不经济"和"外部不经济"。他举例证明了社会经济运转对环境带来的影响：火车引擎产生的火花引起森林火灾，造成木材损失和环境污染。庇古认为人类大量破坏环境和自然资源是因为人类高瞻远瞩的能力是存在缺陷的，即人们现在所认为的最优的自然资源分配，可能对后代来说是存在伤害的，超越时空的决策是存在风险的，并不可靠。因此，需要政府充当未来人的角色，为免于资源耗竭付出行动。他提出为了保护环境、防止一切急功近利的开发行为，政府应该进行补贴、征税和立法。

20世纪上半叶，由于技术革新，资本主义达到鼎盛阶段，西方资产阶级加速资本积累，世界经济发展极不平衡，为争夺世界霸权，两次世界大战相继爆发。在此期间，凯恩斯（John Maynard Keynes）在其《货币改革论》中指出，从长远看，我们终将要告别人间，这被认为是只关心短期经济利益而放弃人类长期可持续的发展。无论如何，那个时代是经济至上的时代，经济发展取代了环境保护、生态平衡等人类长期利益。资本主义的疯狂发展，不仅给世界带来了战争，也使环境问题越来越无法控制。面对环境污染，美国一群环境保护先驱认为对于自然资源，稀缺是永恒的主题。他们反对消费主义，反对浪费现象，倡导循环利用。1890~1920年美国自然资源保护运动将古典经济学语境下的环境保护主义推向高潮，为现代环境保护主义和现代环保运动奠定了坚实的基础。但是，当时经济发展浪潮汹涌，可持续发展的研究一度处于休眠状态。

到20世纪下半叶，随着工业生产的稳步推进，经济发展带来了更大的环境问题，可持续发展相关研究开始复苏。矿产资源燃烧造成空气污染、化工厂的废水排放造成水源污染，同时大量农田森林被毁、鱼虾鸟等动物灭亡，人们流离失所。此时，人们开始关注自身的生存环境和人类可持续发展问题，西方经济学家对自然环境和人类生存发展问题展开了大量讨论。加尔布雷斯（John Kenneth Galbraith）认为现行的资本主义制度带来了无数可见的污染，"财富愈多，肮脏愈重"，随之而来的是生态环境的加剧恶化。1952年，美国总统物资政策委员会发布报告《自由的资源，增长和稀缺的基础》，它标志着国家层面的关于可持续发展的研究正式开展。在美国，自由市场环境主义将自由市场与环境保护相结合，并最终在解决水污染、土地问题和空气污染等问题上都取得了令人欣喜的成果。科斯（Renald Harry Coase）对环境外部性问题进行了重要的论述，他认为解决环境问题最佳的方法是明确产权，一旦产权关系明晰，对于环境污染问题就会有明确的参与主体。1966年博尔丁（Kenneth Ewart Boulding）提出了"宇宙飞船经济"概念，1971年福雷斯特（Jay Wright Forrester）构建了著名的系统动力学模型，"罗马俱乐部"提出了全球新秩序的构想，皮尔斯提出了循环经济理论……随着学术成果的大量出版，各种环境相关会议陆续召开，可持续发展逐渐成为经济领域的研究热点。

进入21世纪，随着经济全球化的推进，环境保护拓展至国际维度。跨境贸易环境保护、海洋生态保护、全球气候变暖等成为全球性问题，也成为可持续发展研究的热点话题。但是，由于地区经济发展不平衡、能源争夺和地区冲突等因素，全球环境保护合作陷入僵局。因此，当前对可持续发展进行系统的研究是十分必要的。

## 小　结

本章主要对可持续发展进行概述。关于研究的时间范围，本书根据西方经济思想史的研究范围，大致确定公元1500年至今为本书对西方经济思想中的可持续发展主题梳理的时间范围。同时，以环境资源相关研究为主要内容，在西方经济思想史中探寻可持续发展的足迹。

关于可持续发展的界定，目前国际上被广泛认可的概念是1987年世界环境与发展委员会在《我们共同的未来》中提出的——既可以满足当代人的需求，又无损后代满足他们需求能力的那种发展。在学术界虽然学者对可持续发展的内涵都有自己的理解，但是相关研究主要可以归纳为两种范式——弱可持续发展和强可持续发展，二者的根本区别在于自然资本是否可以被替代。

通过文献研究，本书认为关于西方可持续发展理论的演进，不仅要从内部逻辑入手梳理理论构成，还要强调外部动力（历史事件与科学技术水平）的推动作用。为了更加全面地掌握理论重点，本书后文将从理论本身的逻辑构成、历史事件和科学技术水平三点进行分析。可持续发展理论的诞生并不是一蹴而就的，尽管早期资本主义并未重点讨论人类发展的可持续问题，但是一些重商学者和重农学者或多或少地就环境问题进行过思考。因此，作为整个西方可持续发展理论的重要思想渊源，第二章将探析重商学者和重农学者的可持续发展思想。

# 第二章　可持续发展理论的最初探索

14~15 世纪，西方早期资本主义出现，随后，相继形成了以追求本国财富增长为目的的重商学派以及以遵循"自然秩序"为原则的重农学派。早期资本主义时期可持续发展思想开始萌芽，重商学派的代表人物霍尼克将可持续发展理解为自给自足，重农学派的代表人物魁奈则强调土地是财富的唯一源泉。在此期间，"圈地运动"不断发展，使英国的社会结构发生了巨大的改变，导致非农劳动力过剩，大量闲置的劳动力进入工业生产部门。在此背景下，古典理想主义可持续发展思想应运而生，亚当·斯密将理论付诸实践，以积极乐观的态度鼓励农业部门的扩张，畅想着社会未来将通向更长远的繁荣之路。第一次工业革命后，古典现实主义可持续发展思想诞生，代表人物是马尔萨斯和李嘉图。此时，人口增长问题成为马尔萨斯和李嘉图的理论研究重点，他们先后提出了绝对稀缺论和相对稀缺论。马尔萨斯确信若对人口不加以限制，人类未来将陷入生存困境；李嘉图则考虑到自然资源独特的稀缺性，认为人口增长终将耗尽全部自然资源，最终使经济走向终结。本章将着重分析古典理想主义可持续发展思想的产生、失败以及古典现实主义可持续发展思想的演进过程。

## 第一节　早期资本主义的可持续发展思想

15世纪开始，西方社会经济活动范围日益扩大，传统社会结构无法满足社会经济的扩张，包括小地主、乡绅、手工业者和商人在内的社会各个阶层更加迫切地希望打破原有社会结构。与此同时，西方社会封建主义逐渐瓦解，商人希望打破区域贵族统治的垄断，他们希望振兴王权，依靠国家的力量建立起更加集中的王权制度，实行中央集权管理。国家统一颁布自由的商业法令、大力开放市场、增加贸易活动，希望在贸易扩张中获得收益。伴随着中央政府权威的逐渐提升，在国家政策支持下资产阶级形成了第一个系统的经济思想体系——重商主义。18世纪，一些法国的经济学家开始反对重商学派的主要观点，由此形成了另一个系统的经济思想体系——重农主义。

### 一　重商主义者的可持续发展思想

重商主义时期，西方社会新经济的发展引发社会阶层的不断更新，新的社会阶层又不断推进新经济的发展进程。重商主义者主要以追求本国财富的增长为目的，主张为实现自给自足而大力发展国家经济，通过贸易制度和保护主义政策，进行商品贸易和贵金属囤积。以下将从霍尼克①与塞拉②的分析中一窥重商主义中关于可持续发展的观点。

重商主义时期，人们全力追逐财富的增长，对人口和自然资源鲜少关注。在 1684 年出版的《奥地利富强论》中，霍尼克提到了"国民经济九大原理"，其中他定义的国家"可持续发展"在于能够自给自足，而达成的方法主要在于土地。首先，要小心地检查（examined）国家的土壤，太阳下每一种有用的植物都应该进行试验，看看它是否适合这个国家，通过适当的保护、使用和开发，使得所有的生活必需品都来自本国的自然资源。其次，他还鼓励增加人口数量，以发展更多的人员进行生产和加工。另一位重商主义者塞拉，他也认为人口是相对重要的，只有足够的人口数量才能提供源源不断的、健康的劳动力用来开展工业生产，由此才能扩大国家贸易顺差，积累财富。

尽管有少数重商主义者认识到了自然资源和人口的重要性，但总体来说，追求财富增长仍是他们的唯一目标，更广泛意义上的可持续发展并不在他们的考量范围内。结合所处的时代背景，重商主义者为达到财富增长的目标，将自然资本化。首先，由于社会经济发展刚刚起步，急需大量的贵金属，只能更多地开采和占有自然资源；而随着大航海时代的到来，越来越多的新陆地被发现，这给人们造成这样的假象：以土地和自然资源为基础的各类商品是取之不

---

① 霍尼克（Philipp Wilhelm Von Hornick，1638～1712）出生于奥地利，曾在英戈尔施塔特（Ingolstadt）学习法律，并于 1661 年获得博士学位。回到维也纳后，他成为一名职业律师，并在 1682 年出版了两本公法小册子，坚决反对并强烈抨击法国对德国领土的主张。1684 年，他匿名出版了著名的《奥地利富强论》（*Austria over All If She only Wills it*），他的最后一部作品是《奥地利享有特权的历史渊源》（*The Historische Anzeigen von den Privilegien des Erzhauses Oesterreich*）。

② 塞拉（Antonio Serra）出生于意大利的科森扎（Cosenza）。

尽、用之不竭的。其次，尽管重商主义者关注人口问题，但是在那个时代，他们认为一个国家的人口数量代表着国家的实力，与现今人口问题所反映的可持续发展问题大相径庭。重商主义时期是自然资本化的开始，资本主义的形成使得发展一词成为人类社会的主旋律，在资产阶级看来，占有更多的土地、进行密切的贸易往来是积累财富的关键手段。

## 二 重农主义者的可持续发展思想

在重商主义出现后，工商业的发展使农业的发展环境一度遭到破坏，于是，在 18 世纪前后一些法国的经济学家开始反对重商学派的主要观点，他们认为相比于重商主义提倡的"人为秩序"，人类发展更应该遵循"自然秩序"，只有土地能真实地创造盈余，社会才会真正发展。重农主义的主要代表人物为魁奈①（Francois Quesnay）和杜尔哥②（Anne Robert Jacgues Turgot）。

魁奈在《谷物论》中开始使用"纯产品"的概念来研究剩余价值，他将"纯产品"定义为从土地里生产出的所有物的盈利减

---

① 魁奈（Francois Quesnay, 1694~1774），法国经济学家，古典政治经济学的奠基人之一，法国重农学派的创始人，代表作有《经济表》（1758）、《经济表分析》（1766）等。魁奈出生于巴黎郊外的一个地主家庭，父亲是一名律师，由于兄弟众多，未能接受良好的教育，16 岁起在医馆做学徒，24 岁回乡成为一名医生，后移居巴黎，1749 年作为医生住进凡尔赛宫，从此拥有了更多的机会与哲学家和思想家交流。1757 年发表《谷物论》，由此成为一名经济学家。1774 年卒于凡尔赛宫，享年 80 岁。魁奈的主要思想大多在《租地农场主论》和《谷物论》中有所体现。

② 杜尔哥（Anne Robert Jacgues Turgot, 1727~1781），1727 年出生于法国巴黎，1747 年获得神学学士学位，之后进入修道院工作。1751 年他决心从事司法和行政工作。1774 年以后被路易十六任命为财政大臣，他在任期间最重要的举措是开放谷物自由贸易，实行社会各阶层都必须缴纳赋税的制度，并取消了手工业同业公会，但仅仅两年之后就被罢免，1781 与世长辞。杜尔哥的代表作有《关于财富的形成和分配的考察》（1776）、《关于商业方面的重要问题》（1755）、《百科全书》（1756）中的《集市与市场》和《基金》。

去这期间的一切支出，所得的盈余就是"纯产品"。魁奈认为这种盈余，土地所有者每年必须花掉，并在全国范围内进行分配，这样才能保障国家的正常运转，这些盈利不完全属于土地所有者还属于国家。魁奈认为只有土地能生成财富，人类应服从"自然秩序"。魁奈强调：土地是财富的唯一源泉，只有农业才能生成财富，无论是掌权者还是普通大众都应该牢记这点。魁奈相信，只有土地能生成财富，只有佃农能创造价值，无论是土地所有者、工匠、手工业者还是商人，都不是真正的生产阶级。佃农将他们创造的价值用于满足自身需求，并且供应给其他阶层使用。他认为工业生产并不能创造财富，因为工业所用到的一切产品都是从土地中产出的，因此土地的产品才是最原始和纯粹的。而金银货币也不过是依附于"纯产品"的支付和交换工具，"如果没有实物财富，货币财富只是非生产性的和无益的财富。"魁奈主张，人类应服从"自然秩序"。世界处于自然变动中，人类和其他事物都应遵循自然的演变过程，一切都应按照事物本来的秩序发展。劳动创造剩余价值，劳动是佃农与土地之间的纽带。魁奈认为，对于一个部族来说，未开垦的土地对他们来说是毫无价值的。开发土地的价值依靠的是劳动，只有劳动才能赋予土地真正的价值，没有劳动就不可能有农作物和财富。魁奈提出，土地是财富的唯一源泉，只有拥有肥沃的土地，人口才能更多，财富才能增加得更快。"纯产品"概念尽管被简单地认为是自然的恩惠，但是相较于重商主义者，魁奈把剩余价值从流通领域转入了直接生产领域，将人类社会与自然重新联结起来，是经济思想上的一大进步。他的研究为后来众多的经济学家讨论人口增长、资源稀缺、环境污染等人类社会经济相关的自然问题做了铺垫。

杜尔哥同样认为只有农人的劳动才能生产出超过劳动工资以外的东西。即社会上所有人进行的生产劳动除了农人的劳动以外都是不生产新的财富的，土地是一切财富的唯一源泉，只有应用于土地的劳动才能创造财富。杜尔哥将社会财富的形成和交换形容为自然界的智慧，他说自然界并不会与人类讨价还价，迫使人类去做更多的劳动。农人的劳动量全靠农人自己的需求，一旦生产出比自己的需要多的东西，那么这些剩余产品就是自然界给予他们的纯粹的自然礼物，他们可以用这些东西去购买社会上其他人的劳动。后者通过出卖劳动获得产品来维持自我的生存，而农人除了获取维持自我生存的必需品之外，还能出卖自己的劳动，这是一笔独立的可以供他们自己任意支配的财富。这笔财富不是他们买来的，而是他们自己卖出去的。杜尔哥强调，一个国家除了土地的"净产品"外，是不存在其他可以支配的收入的。正是农人依靠劳动所创造的这些财富，才"激发社会的一切劳动"，而且农人也是唯一一个自己的劳动超过自己工资收入的群体。土地生产出的"净产品"提供一个国家一年所需的全部财富和商品。

因此，我们可以看出，土地对于重农主义者而言意义非凡。国民财富的增长完全依赖于土地的自然产出，因此一个国家的发展就是在这样年复一年的土地生产中实现的。重农主义者认为人类必须服从"自然秩序"，"自然秩序"是一种超越人类的存在，是为人类的福利而建立的，且国家并不具备改变这种秩序的能力。人口问题和矿藏等问题在重农主义者那里并没有得到重视，或者说，结合当时的时代背景，重农主义者还只是将人类的发展局限于一个国家内，同重商主义者一样他们仅关注财富的积累问题，对于可持续发展问题没有展开讨论。

## 第二节　古典理想主义的可持续发展思想

### 一　古典理想主义可持续发展思想的产生

15～17 世纪，以葡萄牙和西班牙为主的欧洲各国开启了对未知世界的探索，自此开启了寻找新领地和财富的"大航海时代"。在此期间，一大批著名的航海家出现，1492 年，"地理大发现"的重要人物克里斯托弗·哥伦布（Cristoforo Colombo）穿过大西洋，首次发现美洲新大陆。1497 年，葡萄牙航海家瓦斯科·达·伽马（Vasco da Gama）穿过大西洋，越过好望角，来到印度洋，开辟了印度航线。1521 年，葡萄牙著名航海家斐迪南·麦哲伦（Ferdinand Magellan）自西班牙出发，先后经过大西洋、太平洋、印度洋，最后回到西班牙，成为首个完成全球航行的探险家。新航线的开辟使世界各大洲紧密地联系在一起，人类首次实现了跨大洋跨大陆的联结，也打破了长久以来各洲孤立的局面。

新航路开辟后，世界贸易开始大幅增加，欧洲各国纷纷开始建立起新的殖民地。殖民地大多土地荒芜且人口稀少，当地的人口大多未开化，殖民者的到来不仅带来了有用的农业技术知识，还带来了维持政府统治的法制观念以及司法制度等。大量海外贸易公司发展起来，如马斯科维公司（1555 年）、东陆公司（1579 年）、利凡特公司（1581 年）、不列颠东印度公司（1600 年）。然而，每个殖民者所得的土地都多于自身所能耕作的土地，这些土地不需要交地租也不需要纳税，所得收入尽数落入殖民者的口袋。但这些土地的面积往往很大，殖民者尽其所能也不能全部耕种，因此他们开始雇用劳动者，而优厚的工资、丰饶的土地吸引了欧洲大批贫穷的人口。殖民地的增多使英国获得了大量的土地资源，这为亚当·斯密理想主义中的可持续发展思想提供了一定的现实背景。

## 二 富国裕民理论

古典经济学时期，早期的可持续发展思想体现在亚当·斯密[①]的经济思想中。由于其对未来发展抱有积极乐观的态度，故将其理论归为古典理想主义的可持续发展思想，主要理论依据是富国裕民理论。亚当·斯密作为"现代经济学之父"，他对于人类发展问题进行过相关研究，他的《国民财富的性质和原因的研究》一书创立了古典经济学体系，是经济思想史上具有划时代意义的伟大著作。在书中斯密详细地讨论了劳动生产力增进的原因以及劳动生产物的分配问题，对财富的性质、财富的用途以及不同国家中财富的不同发展都进行了论述，他还探讨了政治经济学体系、君主和国家收入的相关问题。斯密提出，为了能够达到经济稳定增长并增加人类长久的福利，最终实现富国裕民，需要满足三个条件。首先，人们需要坚持追求个人的利益，因其源于人自私的本性，人是利己的，只有本着追求个人的利益，人们才会有从事社会经济活动的不竭动力；其次，还需要理性化的劳动，因为在经济活动中，劳动是

①　亚当·斯密（Adam Smith，1723~1790），18世纪著名的经济学家，被称为"现代经济学之父"，英国著名的经济学家和哲学家。他出生于苏格兰，1737年进入格拉斯哥大学学习，在此期间道德哲学教授哈奇森把斯密介绍给大卫·休谟（David Hume），从此两人结下了深厚的友谊，他对斯密以后的学术研究帮助极大。1740年斯密进入牛津大学深造，1748年担任爱丁堡大学讲师，1751年在格拉斯哥大学任教，1759年出版《道德情操论》，1763年以后成为巴克勒公爵的家庭教师，1764年着手创作《国民财富的性质和原因的研究》一书，1776年该书正式出版。1790年7月，亚当·斯密在爱丁堡与世长辞。

必然存在的，只有理性的人才能从事理性化的劳动，从而实现利益最大化；最后，还需要有稳定的市场秩序，只有在"看不见的手"的引导下，才能实现整个社会的利益最大化。

**（一）农业是经济发展之本**

在斯密生活的时代，英国的农业生产部门蒸蒸日上，因此，他对社会未来的发展抱有积极乐观的态度。尽管当时的工商业及制造业也较为繁荣，但是，斯密始终坚持农业是经济发展之本。对他而言，尽管他意识到工业的发展正在逐步改变社会经济结构，但他始终坚持农业的发展应该优先于工业及其他生产部门，这也是斯密更加倾向于重农主义的一个表现。斯密认为，世界上还有很多可以供农业生产的土地有待开发，并且因为人类对农业的生产经验要多于工业生产的经验，所以商业投资比土地投资有更大的风险。他强调当时世界上还有很多优质的土地未经开垦，而很多已经被开垦的土地很大一部分还没有被有效地利用起来。因此，在农业生产上还可以吸收消化比目前更多的资本，农业生产部门的扩张和改进将开启更繁荣增长的道路。

斯密认为资本的投入应遵循以下顺序。首先，资本应投入到农业上，因为在生产的最开始总需要去开垦土地，农业会带来收益和利润。其次，资本应投入到工业上，因为开垦之后的土地上要建造城市，城市建立起来后才会发展制造业和工业。最后，资本应投入国际贸易中。斯密认为大多数人宁愿投身于农业生产也不愿意将资本投入工商业。斯密以欧洲和北美为例论证其观点的正确性，他注意到欧洲以工商业为富国基础，但发展缓慢。而北美以农业为富国基础，发展迅速。同时，欧洲过去 500 年人口的数量未增加一倍，但北美人口每 20～25 年增加一倍。因此，一个国家发展的源泉并不是工业，而是农业，农业能使国家富裕，也能使人口增长。在斯密生活的时代，英国土地（加上大面积的海外殖民地）总量非常多，英国的总体农业用地是非常充足的。尽管人口数量在增长，但是人口数量还未到能使农业利润率低于工业利润率的临界点，因此，斯密提出资本的投资顺序首先是农业，其次是工业，最后是国际贸易。

**（二）财富的增加是人类可持续发展的关键**

在斯密的思想中，财富的积累是改善人类生活境况的唯一途径，因此，增加财富是人类可持续发展的关键。但是他并不认为矿藏开发能给国家带来巨额财富，原产物的真实价值才是财富的真正源泉。斯密将原产物分为以下三种：第一种产物不随劳动的增加而增加，如稀有的动物；第二种产物随人类需求的增加而增加，如牲畜；第三种产物可以随人类需求的增加而增加，但是其增加有一定限度，或者增长过程面临较大不确定性，如羊毛、皮革等。斯密生活的时代，社会已经取得了巨大的进步，他认为在这种情况下，第一种产物的真实价格会随着技术的变革而无限上升，第二类产物的真实价格会上升但有一定的限度，第三类产物的真实价格则具有较大的不确定性。而各种金属矿物恰恰不属于这三种产物中的任一种，金属矿物的数量，尤其是贵金属的数量是具有不确定性的，虽然它们暂时随着人类的勤劳程度增加而增加，似乎没有限制，但是完全是不确定的。斯密生活的时代，农业和工业技术正在快速进步，他注意到一国所拥有的贵金属的多少，并不取决于该国拥有的矿山数量的多少，而取决于该国的购买力——该国当年所生产出的年产物的数量以及矿山的肥瘠程度。尽管人类在不断扩大矿山的挖掘，但是在旧矿山被掘尽之时，能否发现新矿山是人类的勤劳和技巧无法保证的。斯密指出："在进行探索新矿山的时候，人类勤劳或不成功的可能性，似乎是无限大的。"尽管斯密在写作《国民财富的性质和原因的研究》时已经意识到了矿藏开发的不确定性，但是他潜意识中的世界仍然是富足的。他憧憬着在他之后的一两百年也许会发现比当时的美洲最富饶的矿山更加富饶的新矿山，斯密说那时现在的矿山将显得贫瘠无比。可无论未来怎么样，世界的真正财富和繁荣都将与之无关。年产物的真实价值才是财富的真正源泉，尽管年产物的名义价值，即代表这些产物的金银量会有极大的差异，但是其真实价值是一样的，金银的价值仅可证明矿山的丰饶与贫瘠，并不能证明年产物的多少。斯密认为，"欧洲的金银量的增加与制造业及农业的发达，虽然是发生在几乎同一时期，但原因非常不相同，两者相互间没有任何联系"。

在斯密的论述中包含着这样一种理念，即社会经济发展是可持续的，这是一种理想主义的可持续发展观。当时斯密已经认识到城市环境和乡村环境的差异，他盛赞乡村风景的美丽、乡村气候的宜人和乡村生活给人带来的内心世界的平静祥和，乡村具有巨大的魅力。在斯密看来乡村与城市相比，如果这份美丽和恬静不被破坏，那么乡村永远是吸引人的。由于当时英国已经开始快速城市化，城市中的环境卫生等问题已逐渐显露出来。因此，斯密认为，乡村的生活环境和简单耕作劳动是令人心驰神往的。"技工是顾客的仆役，仰给生活于顾客；至于耕作自己的土地，从自己家庭的劳动力取之衣食之资的农业家，则是真正的主人翁，独立于世界"。而耕作土地"这个原始的职业将为人类所永远爱悦"。

### 三 古典理想主义可持续发展思想的失败

早在 14 世纪，英国已出现资本主义萌芽，一些商人通过开设作坊，进行商品制作和售卖。然而直到 1760 年以前，资本主义生产都受手工工场制度的支配。从 1760 年起，大工业时代才开始。第一次工业革命的开始，也标志着机器生产代替了手工工场生产方式。区别工厂和手工工场的主要标志就是机器的使用。马克思曾将手工工场定义为劳动力的集中与分工，而工厂则是使用机器的工场。

古典理想主义可持续发展思想失败的重要标志之一就是乡村农业的衰落。当时的英国主要工业生产都集中在毛纺行业，因此，从英国的毛纺行业可以看到工业革命给乡村带来的影响。由于气候因素，毛纺业成为英国手工工场制度下最为典型的产业。英国在 17 世纪、18 世纪存在着大量的毛纺工厂，这在当时的英国极为普遍。保尔·芒图（Paul Mantoux）形容 18 世纪中叶的英国，大城市人口稀少，利兹（Leeds）的居民不超过 15000 人，当时的哈利法克斯（Halifax）也只有 6000 人，相反，乡村人口却非常多，许多村庄和小村落都连成一片，而且面积广阔。欧洲的工业革命首先发生在工场手工业最为发达的毛纺产业。当时的村庄几乎都生产毛纺产品，"无数的房屋和无数张布架，而每一架上都有一块白色的布帛。"当时，许多老板兼工匠，手中既有少量资本又有原材料，而且他们能得到家庭成员的协助，还可以雇用少量的工人。这种家庭工场制度迅速地扩大了产出。据统计，约克郡西区的毛纺产业，1740 年产出了呢绒 10 万匹，1750 年产出约 14 万匹，1760 年由于英法战争下降到了 12 万匹左右，1770 年又升至 17.8 万匹，详见表 2-1。

表 2-1 约克郡西区毛纺产业产量（1740~1770 年）

单位：匹

| 年份 | 宽门面呢绒 | 窄门面呢绒 | 合计 |
|------|-----------|-----------|------|
| 1740 | 41441 | 58620 | 100061 |
| 1750 | 60447 | 78115 | 138562 |
| 1760 | 49362 | 69573 | 118935 |
| 1770 | 93074 | 85376 | 178450 |

数据来源：［法］保尔·芒图．十八世纪产业革命——英国近代大工业初期的概况［M］．杨人楩，等，译．北京：商务印书馆，1983：42.

然而，接下来的问题是大量的商品该销往何处？当时英国本土市场完全饱和，因此，必须开拓海外市场，而这些乡村老板若想成功售出商品，则必须和商人交易。商业的增长最好地证明了海上航线为欧洲带来的经济增长，就英国来说，根据英国海关的记录，到18世纪，英国港口的交易量大幅增长。从图 2-1、图 2-2 和图 2-3可知，英国港口出口量从 1700 年的 31.7 万吨增长到 1785 年的 105.5万吨，进口额从 1751 年的 600 万英镑增长到 1785 年的 1600 万英镑，出口额从 1700 年的 700 万英镑增长到 1785 年的 1600 万英镑。

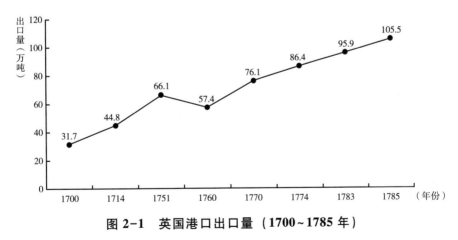

图 2-1 英国港口出口量（1700~1785 年）

数据来源：［法］保尔·芒图．十八世纪产业革命——英国近代大工业初期的概况［M］．杨人楩，等，译．北京：商务印书馆，1983：78-79.

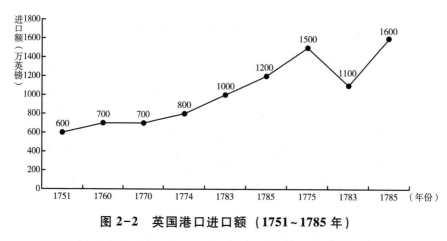

**图 2-2　英国港口进口额（1751~1785 年）**

数据来源：〔法〕保尔·芒图．十八世纪产业革命——英国近代大工业初期的概况〔M〕．杨人楩，等，译．北京：商务印书馆，1983：78-79.

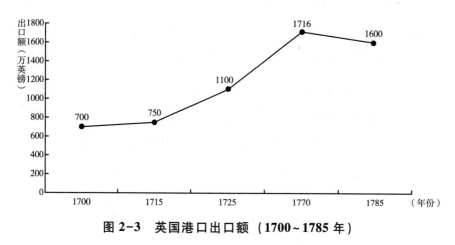

**图 2-3　英国港口出口额（1700~1785 年）**

数据来源：〔法〕保尔·芒图．十八世纪产业革命——英国近代大工业初期的概况〔M〕．杨人楩，等，译．北京：商务印书馆，1983：78-79.

　　然而，资本势力随着商人的参与出现在纺织行业，商品从生产到销售，每个环节的分工都更细化。家庭工场负责纺织，而一些专门的工人负责整理和运输等。就这样商人通过收购掌握了原材料，随后又通过资本掌握了生产设备。而家庭工场中的劳动者，渐渐地从农民变成了工人，工人的工资逐渐比农民的收入还高，乡村农业便成了他们的副业。阿瑟·扬在《南部诸郡》中记载了英国西部的村庄中的一些真实情况。在 1757 年，一个织工每星期的工资能达到 13～18 先令，而当时的平均工资最多 12 先令。亚当·斯密曾将乡村先于都市的状态归因于人类的天性，他形容乡村风景是美丽的、恬静的，乡村生活能让人保持独立性。然而，随着乡村农业的逐渐衰落，古典理想主义可持续发展思想也在浩浩荡荡的工业进程中消亡。

## 第三节　古典现实主义的可持续发展思想

### 一　古典现实主义可持续发展思想的产生

#### （一）"圈地运动"导致过剩劳动力涌入制造业

"圈地运动"是发生在英国的土地变革运动，标志着英国土地所有制的重大转变。12 世纪时英国就已经出现了小范围的圈地现象。到了 14 世纪，随着农奴制的瓦解，更多的资产阶级和新贵族出现，使得"圈地运动"高涨，他们暴力抢占农民的土地，把强占的土地圈占起来，使之成为私有财产，并经营生产。16 世纪以后，由于工场手工业的快速发展，城市兴起，农产品的需求激增，加速了"圈地运动"的发展。"圈地运动"和第一次工业革命是紧密相连的，其相互关系不能简单地归结为因果关系，二者是相互影响的。第一次工业革命后，为了扩大投资，提高土壤的生产力，"圈地运动"达到了顶峰。据不完全统计，1700～1760 年英国圈入土地面积为 312363 英亩，1761～1801 年英国圈入土地面积为

3180871 英亩, 1802～1944 年英国圈入土地面积为 2549345 英亩
（见表 2-2）。

表 2-2　1700～1944 年英国圈入土地面积

| 年份 | 面积(英亩) |
| --- | --- |
| 1700～1760 | 312363 |
| 1761～1801 | 3180871 |
| 1802～1944 | 2549345 |

数据来源：邓俊康. 英国圈地运动成功的历史经验［J］. 文教资料, 2011（04）:
89-90.

"圈地运动"的盛行直接导致了英国佃农和小土地所有者的消
失。大地主们得到一块地后，他们大肆购买周边的土地，扩大其耕
地和牧场的面积。他们有的想扩大自己的领地用来狩猎享乐，有的
因为不愿与贫民为邻，便通过购买他们的房屋所有权，然后将房屋
摧毁。在多塞特郡的一个村庄，1780 年约有 30 个农场，到了 1795
年整个村庄完全掌握在两个大企业手中了。"圈地运动"在当时得
到了议会的支持，这从圈地条例的数量上可以得到印证。图 2-4
显示了 1714～1800 年英国圈地条例的数量。

从图 2-4 可以看出，18 世纪初仅有 7 个圈地条例，而到了 19
世纪初圈地条例增加至 900 多个，英国圈地条例的数量总体呈增长
趋势。因此，在议会的支持下，"圈地运动"导致大农场逐渐增
多，而小农户则越来越少。

"圈地运动"的最直接后果是自耕农开始大量减少，直至消
失。而这些自耕农曾是英国的骄傲，这可以从西斯蒙第的描述中
一探究竟。西斯蒙第说自耕农是舒适、安全、对未来的信心和独
立意识的象征。自耕农世代种植着自己祖上传下来的土地，不需

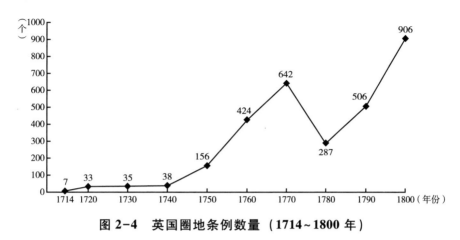

图 2-4　英国圈地条例数量（1714～1800 年）

数据来源：［法］保尔·芒图．十八世纪产业革命——英国近代大工业初期的概况［M］．杨人楩，等，译．北京：商务印书馆，1983：111．

要向任何人缴纳地租。他们生活安逸、规律，对未来充满了希望，他们所做的一切努力都是为了子孙后代的幸福，他们勤劳、勇敢、乐观向上，将自己最大的努力投入到土地上，自然也相应地获得最大的回报，因此，自耕农也是最富裕的，普遍都过得很富足。穆勒曾感慨，当他们存在的时候被人夸为英国的光荣，自他们消失以后又深深地使人惋惜。阿伯思诺特叹息道："我最感痛心的是，我们的自耕农，即那群实际上维持这个国家的独立的人消失了；我惋惜的是，看见他们的土地现在都掌握在垄断的地主的手里，并被分租给小租地农民，而小租地农民承租的条件并不比必须随时听从召唤的隶农好多少。"有证据表明，从 1770 年开始，"圈地运动"开始衰落，到了英法战争开始时"圈地运动"已经完成，自耕农或者佃农已经基本消失。1833 年英国关于农业的议会报告中，给出了自耕农已经灭绝的结论。

　　"圈地运动"导致的大批闲置的劳动力最终被工业制造部门

吸收，马尔萨斯①也注意到了这一现象。他发现随着大农场的增多，越来越多的农民失去了生产资料，失去耕作资本的人们不得不到城市里成为雇佣工人，他们被制造业工厂吸收，有些走投无路的则移民到北美，远渡大洋去海外谋求生路，甚至有些人直接沦为了街头流浪汉。这些劳动者绝大多数是穷人，工厂不但没有使他们变得富裕起来，反而使他们的健康状况越来越糟。

同时，随着工业革命如火如荼地进行，英国科学技术水平整体不断提高，这使得英国的社会经济空前繁荣，国民财富锐增，整个社会的生产积极性高涨，人口数量迅速增加。伴随着大机器进入农业和工业生产领域，原有的手工业者快速被大机器时代所抛弃。他们的生活来源被机器生产所垄断，生活质量开始急剧下降，小生产者相继破产。机器简化了劳动过程，过去需要依靠大量体力和娴熟技能的劳动变成了简单重复劳动。机器生产对工人的要求大幅降低，资本家为了节省雇佣成本，大量雇用佣金更低的妇女和儿童，以代替原本的壮年男性劳动力，资本家就这样将大批的劳动工人所抛弃。

农民被剥夺了土地，手工业者大量破产，工人又大批失业，而这一切都是资产阶级追逐利益所造成的后果。"圈地运动"实际上

---

① 托马斯·罗伯特·马尔萨斯（Thomas Robert Malthus，1766~1834），1766年出生于英国伦敦的一个富裕家庭，是当地非常有名望的土地贵族。马尔萨斯的父亲丹尼尔·马尔萨斯与休谟、卢梭等人都有过密切的交往。马尔萨斯早年间受教于他的父亲，1784年开始进入牛津大学耶稣学院学习，1788年获得了文学学士学位，1791年获得了文科硕士学位。1788年马尔萨斯加入了英国教会，在萨里郡成为一名牧师，1834年去世。马尔萨斯的作品包括：《人口原理》（1798）、《政治经济学原理》（1820）、《价值的尺度》（1823）、《政治经济学定义》（1827）等。由于马尔萨斯的家庭成员担任过皇家医生、军官、牧师等，因此，其思想代表土地贵族阶级和资产阶级的利益。

为资本主义生产提供了便利条件，当时资本主义工业快速发展，一方面需要大量自由且失去生产资料的工人，另一方面又需要工厂组织者拥有大量的货币资本。古典现实主义可持续发展思想正是在"圈地运动"的背景下产生的，并在农业、林业和渔业等各个不同的领域之中扩散，从而影响整个经济领域。

**（二）在第一次工业革命的推动下人口数量不断增长**

如斯密所设想的一样，快速的工业化进程逐渐改变社会结构，农业人口不断减少，非农人口迅速增加，机器成为工业生产的重要组成部分，极大地提高了劳动生产率，缩短了生产商品所花费的时间。18 世纪各种应用于生产的机械装置被发明出来，表 2-3 展示了 18 世纪纺织业和冶金工业的重要发明。

表 2-3　18 世纪纺织业和冶金工业的重要发明

| 年份 | 人物 | 发明 |
|------|------|------|
| 1709 | 亚伯拉罕·达比一世 | 在焦炭火上冶炼矿石 |
| 1717 | 托马斯·隆贝 | 捻丝机（制造） |
| 1733 | 约翰·凯 | 飞梭 |
| 1733 | 约翰·怀亚特 | 纺纱机 |
| 1765 | 哈尔格里夫斯 | 多轴纺纱机 |
| 1767 | 托马斯·海斯 | 水力纺纱机 |
| 1769 | 詹姆斯·瓦特 | 蒸汽机 |
| 1779 | 塞缪尔·克朗普顿 | 走锭精纺机 |
| 1779 | — | 第一座铁桥 |
| 1784 | 科特 | 搅拌炼铁法 |
| 1785 | 卡特莱特 | 机械织机 |
| 1787 | — | 第一艘铁船 |

数据来源：笔者自行整理，—表示发明者不详。

伴随着贸易的增加，人民生活不断改善，医疗进步，人口的死亡率降低，人口数量不断增加。资料显示，17世纪欧洲人口开始大量增加。据统计，欧洲的人口数量在1000年至1750年，每10年增长1.6%左右。公元元年至1913年欧洲人口增长趋势如图2-5所示。

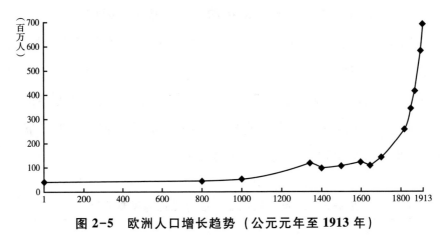

**图2-5　欧洲人口增长趋势（公元元年至1913年）**

数据来源：笔者根据 Social Studies 网站公开资料自行整理，https://www.sociostudies.org/books/files/globalistics_and_globalization_studies_6/181-187.pdf.

从图2-5可以看出，欧洲人口数量自17世纪开始显著增长。欧洲早期的人口数量记载大部分来自教区的登记册，最早的教区登记册是英格兰1538年保存下来的，涵盖洗礼、葬礼和婚姻等情况，其中就包括了详细的人口统计数据，17世纪末到19世纪初的人口数量也佐证了此观点。17世纪末至1821年英国人口数量如图2-6所示。

随着人口的增长，一些教区的贫困者数量不断增加。与此同时，法国大革命、英法战争使疾病和犯罪等频繁发生，人们渴求早日结束战争。机械化虽然提高了劳动生产率和利润率，但是引起了

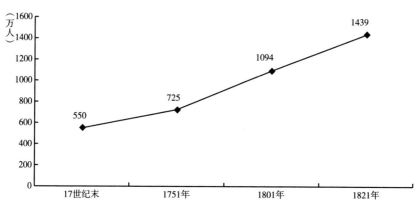

**图 2-6　英国人口数量变化（17 世纪末至 1821 年）**

数据来源：［英］克拉潘 . 现代英国经济史（上卷）［M］. 姚曾广，译
北京：商务印书馆，1974：89.

工人的愤恨和抵触。机器成为工人的替代品，相比之下工人的劳动
价值被降低，因而机械装置的使用直接损害了工人的利益。18 世
纪后期英国各地爆发了许多骚乱，如 1779 年兰开夏郡爆发了骚乱，
1796 年约克郡爆发动乱，1802 年英国西南地区爆发动乱等，其中
工人的唯一诉求便是停止机械装置的使用。然而，反抗是无用的，
对于工厂主来说，他们唯一关心的就是生产所得的利润，机器不仅
性能稳定，不需要休息，生产商品的质量也统一。与此同时，由于
气候原因，1765~1775 年，英国农业连年歉收，这导致国家粮食供
应不足，尤其是包括工厂工人在内的底层民众的食物供给严重不
足，他们的生活状况极其悲惨。1793 年的一份医疗报告描述了当
时的工厂工人生活的悲惨情况：他们生活在潮湿阴暗的地下室，由
于常年没有阳光且不通风，所以热病在这一群体中十分常见。大机
器生产代替了手工生产，资本主义生产方式发生了根本性的改变，
资本主义生产由工场手工生产过渡到了机器工业生产。一方面，社

会不断进步，生产率不断提高，另一方面，人口不断增长，穷人的数量不断增加，古典现实主义正是就此问题展开分析的，这成为古典现实主义可持续发展思想的前提条件。

## 二 绝对稀缺论

在上述社会历史背景下，社会上针对人类的未来产生了争论：人类的未来是不断前进，还是继续保持这种幸福与灾难未知的状态？其中，一类是现存秩序的辩护者，另一类是人类及社会可完善的辩护者，他们对人类社会的发展的预判形成两种极端。二者的主要争论点在于现存制度是否可完善，现存秩序的辩护者认为人类未来是不可预测的。人类及社会可完善的辩护者认为人类社会将在工业革命这种科技发展中不断加速地繁荣下去。现存秩序的辩护者痛斥人类及社会可完善的辩护者自私、虚伪，认为他们只不过是为了实现自己不可告人的目的才鼓吹摧毁现存的社会制度，其描绘的未来美丽蓝图是虚假且空泛的。而人类及社会可完善的辩护者则认为这些现存秩序的辩护者们，不过是现存制度的实际获益者，他们才是自私又自利的，他们才是真正愚弄大众的人，而且鼠目寸光，愚昧无知，他们根本看不到未来社会的美好。

马尔萨斯相信真理需要用实践来证明，人类在未经证实和未经检验的理论面前，不能妄加评论。虽然人类及社会可完善的辩护者所描绘的景象令人兴奋，他们通过想象未来的美好，抨击现实，以此表达对现存各项社会制度的不满，但是他们并没有提出真正解决问题的最好办法。此外，现存的制度即便有诸多可以改良的地方，但改良的过程中将面临巨大的困难，这些困难能否被一一克服，社会最终能否成功革新都是未知的。马尔萨斯虽然乐见其成，但是他认为这些困难是不可克服的。例如，人类及社会可完善的辩护者葛德文认为人类未来将不靠食物而生存，并且两性之间的情欲最终也会消失，马尔萨斯坚决反对，认为这是再荒谬不过的了。为了完善社会制度，马奎斯·孔多塞提出人类应设立一种基金来确保当人们年纪大的时候可以获得资助，这些资金一部分来自这群人本身，一部分来自其他社会成员。马尔萨斯则驳斥道，这种方法在实际生活中是毫无价值的。因为，除却人类寿命的不确定性之外，这还将导致勤劳的人与懒惰的人拥有一样的社会地位，最终勤勉刻苦的人将放弃努力工作，整个社会将出现重大问题。

马尔萨斯是古典现实主义可持续发展思想的奠基人。他说："我对人类生活的看法具有忧郁的色调，但我认为，我绘出这种暗淡的色彩，完全是因为现实中就有这样的色彩，而不是因为我的眼光有偏见，或我生来性情忧郁。"这是马尔萨斯为《人口原理》一书所作序言中的一段话。正如他所说，他对人类的生活充满了悲观的色调，而这恰恰是当时现实社会的反映，因此，马尔萨斯的可持续发展思想是极具现实主义的。马尔萨斯发现了斯密研究中的问题，他认为人口的无限增长将成为社会发展的难题。

马尔萨斯是绝对稀缺论的代表人物，他认为相对于人需求的无限性来说，资源的稀缺是绝对的。因为，人对食物的需求是天生的，而且也无法控制两性的生理情欲。他确信人口增长能力与土地生产能力是天然不相等的，若放纵人口的无限增长则人类的未来是极其惨淡的。

马尔萨斯是受到过良好教育的教士，他对穷人的生活有深切的感受，他深深地关心和同情他们，但是马尔萨斯提出对穷人施以救济是无法从根本上改变穷人的贫困现状的。马尔萨斯注意到劳动阶级往往在全体国民中占据大部分，而国民财富的增加根本无法增加劳动阶级的幸福，他反驳了亚当·斯密的观点，即反对财富积累为社会可持续发展带来了有利的影响的论断。

与其说亚当·斯密的研究是对国民财富的研究，不如说是对人民幸福的影响因素研究，他从健康与对生活必需品的支配权两个方面论证其正确性。马尔萨斯认同亚当·斯密提出的社会资本增加速度大于工人的增长速度这一观点，因为，工业革命极大地提高了工业和农业部门的劳动生产率，在短时间内成为合格工人的速度确实比不上社会资本的增加速度。

但是根据亚当·斯密的观点，社会资本的增加等于供养劳动阶级的基金的增加则是完全错误的。马尔萨斯认为社会总收入或者社会总资本，其中包括土地产品和制造业产品。国民财富增加意味着国家会变得更加富有，社会总资本变多。若增加的财富并没有反馈到土地上，即土地资本不变而制造业资本增加，同样是社会总资本在增加，但土地产出不变，劳动阶级的食品供给不变，劳动阶级就没有增加实际的供生活所需的资本总量或基金。同时，随着投入制造业的资本变多，制造业者需要扩充业务来增加其原有的营业资本，因而，必然对劳动产生新的要求，劳动的价格会水涨船高。这种市场上的劳动价格增高会导致食物的名义价格同样上涨。假设食品的产量在短期内是不变的，那么，根据亚当·斯密的定义，则该国每年的财富确实会不断增加。马尔萨斯认为，在食品产量不变的情况下，食品的名义价格升高，根本不会使劳动阶级的生活必需品总量增多，他们的处境几乎和过去没什么两样。但是，劳动价格的上涨会促使越来越多的土地耕作者脱离农业投身于制造业，但是制造业的劳动与农业劳动是完全不一样的，农业劳动者早已熟悉了农业劳动的基本操作流程，而且劳动过程也相对简单，但是制造业生产劳动相比农业劳动更为灵活。一国的资本总体增长，若劳动阶级的生活基金不增长，穷人的生活境况也就不会改善。最后，马尔萨斯得出结论，穷人的生活状况不取决于财富的增长速度而取决于供养穷人的生活基金的增长速度。

财富的增加并不会改变穷苦的劳动阶级的生活状况。同时，一旦制造业中的工人越多，农业部门的劳动者将越少，随着职业的转换，劳动者的身心健康将会受到极大的影响。因此，无论是从生活必需品的角度还是从工人健康角度，穷苦劳动阶级的生活状况都得不到有效的改善。

马尔萨斯非常热衷于对人口的推算，马尔萨斯认为美国的人口每 25 年增长一倍，人口按照几何级数增长：

$$1,2,4,8,16,32,64\cdots$$

之后，他又举例推导食物供应的增长速度。他认为土地供应是固定的，在第二个 25 年土地产量的增加额最多与原来相等。他也想到了新土地开发的可能性，但是那将是一个非常缓慢的过程，所以他认为食物的供应呈算术级数增长：

$$1,2,3,4,5,6,7\cdots$$

经过推导，他认为这样持续若干年后，人口增长将远远超过食物供应的增长。在马尔萨斯的理论中，土地生产粮食的能力是有限的，而人口的增长能力是无限的，在这两种非常不平衡的力量的作用下，粮食短缺将成为人口增长的终极制约，他提出人类要发展必须抑制人口的增殖力。马尔萨斯将这种抑制机制分为两种：积极的抑制和预防性抑制。积极的抑制更多地体现在现实不可更改的情况

下，比如贫穷、战争、收成不好等。而预防性抑制则是指人们通过
避孕、堕胎等手段限制生育，以打消人们对未来的忧虑。马尔萨斯
认为欧洲各国由于社会文明的进步，积极的抑制已经减少，预防性
抑制增加，这和人们对婚姻的谨慎态度有关。马尔萨斯是最早意识
到人类社会的发展受到自然环境约束的学者之一，他简明地阐释了
人口增长与土地承载能力的关系。他同时也确信，如果不加以抑
制，人类将不可避免地陷入生存困境，更无法实现社会的可持续
发展。

## 三　相对稀缺论

李嘉图①与马尔萨斯生活在同一时代，马尔萨斯是英国资产阶
级和土地贵族阶级的突出代表，而李嘉图则是英国工业资产阶级的
代言人。不同的阶级立场使李嘉图与马尔萨斯之间在经济问题上出
现了严重的分歧。但是，李嘉图和马尔萨斯的理论有相通的地方，
关于人类发展的可持续性上，李嘉图与马尔萨斯一样持悲观态度，
李嘉图直言人类的发展终将停滞。李嘉图生活在英国工业革命时
代，大机器生产代替了手工生产，资本主义生产方式发生了根本性
改变。因此，李嘉图看到了技术进步对促进生产的重要作用，尽管
他认为资源是稀缺的，但是技术进步可以减少对资源的需求，因
此，李嘉图的不可持续观念是一种相对稀缺观。

他极力证明资本主义生产关系优于封建主义生产关系，这对社

---

① 大卫·李嘉图（David Ricardo，1772~1823），他出生于1772年的英国，1793年李嘉图独
自开始从事证券交易，二十五六岁时已积累了一大笔财富，四十多岁李嘉图便决定退休，
潜心研究经济学，于1823年逝世。在李嘉图参与议会的多年间，几乎所有发言和演说都
是关于经济方面的问题。李嘉图的主要经济学代表作是《政治经济学及赋税原理》（1817
年完成）。

会发展而言是富有积极意义的。李嘉图在对地租的理论阐释中，包含了大量关于人口与环境的论述。李嘉图认为土地根据质量可被划分成不同的等级，地租的产生首先在于土地的数量是有限的，且土地的质量不同。根据一般的供求原理，若土地没有被划分为不同的等级，即土地对人们来说都是一样的，就如同空气和水一样，是大自然的馈赠，那么人们不会支付任何地租，因为人们可以任意支配。也就是说，土地若等级相同，质量相同，数量也相同，正常情况下就不会有人为它支付租金。当人们为使用土地而支付地租的时候，就是因为人口的增加，更多的土地被人们开发并耕种。在大量的土地被耕种后，就会出现优质和劣等土地的区别，一旦劣等土地被耕种，那么，优质土地自然而然就有了更高的价格，地租就产生了，二者之间的差别越大，优质土地的地租就会越高。

在李嘉图的理论中隐含着这样的观念，即由于自然资源的稀缺，人口增长将不可避免地使经济发展终结。李嘉图在对工资的论述中提到，利润是经济增长的发动机，工资则是人口扩张的发动机。一个国家的资本可以在短时间内迅速增加，在有利的环境下，此时对劳动的需求将增加，因而人口会呈现更快的增长趋势。但随着一个国家人口繁殖速度变快，人口相应增多，更多的劣等土地被耕种，资本增长速度会成比例地降低。随着新生人口的增多，工资会减少。因此，这样的情况并不会长期存在，最终人口会由于各种原因减少，长期来看，人口增殖能力是始终不变的。

以下尝试从农业的角度阐释李嘉图的理论。假设存在一个规模不变的农场，在这个农场里我们不考虑地租的问题。模型的基本情况如图 2-7 所示。

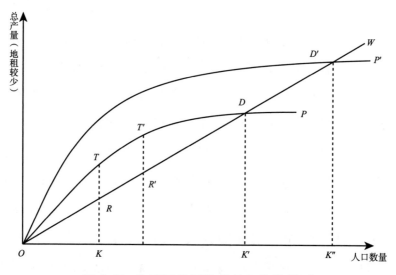

图 2-7　李嘉图的经济增长和停滞模型

· 横轴代表人口数量

· 纵轴代表总产量

· OP 是产量曲线

· OW 是最低的生活标准线

· K 点的不断移动表示人口在不断变化

· D 点表示经济的停滞点

· KR/OK 代表工资率

由于利润增长引起产量增长，人们的工资不断上升，即 OW 是保持着相同的工资率稳步上升的，人口也随之增加。因为产量沿 OP 线移动，人口将沿着横轴移动，最终在 OW 上的某一点，如 T' 点，OP 曲线在 T' 处的斜率即工资率开始降低到基本状态以下。相比于 R 点，在 R' 点，总产量和人口数量更多，利润虽然升高但是利润率降低，所以，在产量曲线 OP 上 T' 是一个中间点，T' 之前，利润增加，利润率也增加，工资上升速度也很快；到了 $T'$ 点之后 $D$ 点之前，工资开始下降，尽管利润在增加，但是利润率在下降，不过在到达 $D$ 这一停滞点前，该模型中的利润率仍然为正，因此，社会中仍有推动经济发展的动力。当 $OP$ 与 $OW$ 在 $D$ 点相交后，无论人口怎么增加，产量水平保持不变，在 $D$ 点，人们生活维持着最低生活标准，利润率为零，经济发展停滞。

李嘉图察觉到，技术进步将带来较大的回报，使 $OP$ 转移到 $OP'$。但是，这消除不了收益递减的趋势。到 $D'$ 点，产量更高，人口 $K''$ 也比 $K'$ 更多，最低生活标准没有改变。在特定的自然资源稀缺的情况下，企业（靠利己动机驱动）尽本分地投资，维持企业的正常运转，不管什么时候只要条件许可，工人仅能维持基本生活。最终，经济进步的车轮停转。

## 小　结

本章主要分析了早期资本主义和古典经济学时期的可持续发展思想，包括"圈地运动"、"地理大发现"以及第一次工业革命对这一阶段可持续发展思想形成的推动作用。早期资本主义和古典经济学时期可持续发展思想的理论演进如图 2-8 所示。

14~15 世纪，西方社会结构发生改变，封建主义逐渐瓦解，早期资本主义出现，逐渐形成了以追求本国财富增长为目的的重商主义。重商主义时期的代表人物奥地利学者霍尼克在其 1684 年出版的《奥地利富强论》中提出了早期的可持续发展观点，即国家自给自足的实现方法主要在于土地。这一时期的学者塞拉认为，源源不断的劳动力才是社会发展的必要条件。由于受时代因素限制，重

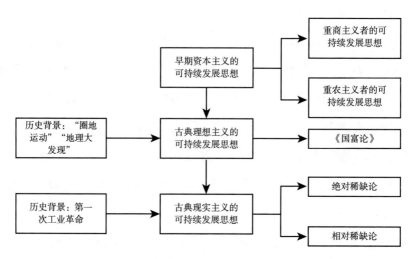

**图 2-8　可持续发展理论的最初探索**

商主义者的可持续发展理论天然地围绕土地和人口展开（即使他们所关注的土地和人口不同于现代的研究），可以肯定的是其唯一的研究目标是追求财富的增长。由于一直以来国家对工商业发展的推崇，农业发展长期处于被压制的状态。于是，在 18 世纪前后，法国形成了重农学派。重农学派的核心观点是人类需要遵循"自然秩序"，其代表人物魁奈提出"纯产品"概念以佐证自己的论点，"纯产品"是一个国家一年的净盈利，它完全来自土地产出，"如果没有实物财富，货币财富只是非生产性的和无益的财富。"重农学派的另一位代表杜尔哥则提出了相似的概念"净产品"。重农主义者的观点十分统一，他们都认为土地才是财富的唯一来源，将人类社会与自然联结起来，将剩余价值从流通领域转入了生产领域。虽然重商主义者和重农主义者都没有直接讨论可持续发展问题，但是在经济思想史中，他们具有非常重要的作用，他们的研究为后续学者的研究提供了基础，亚当·斯密就直接受到了重农学派的影响。

15～17世纪是著名的大航海时代，在此期间西方各国占领了大量的海外土地资源，殖民地遍布全球，这使英国获得了大量的土地资源。亚当·斯密一方面受到重农学派的影响，对土地生产怀有极大的热忱，另一方面受到现实社会中不断传来的海外殖民地扩张的消息的影响。他在著作《国民财富的性质和原因的研究》中表达了古典理想主义的可持续发展观点，观点的核心内容是土地以及农业经济，他既对农业发展前景抱有乐观的态度，又对社会发展前景充满希望。然而，自15世纪以来，"圈地运动"在英国不断发展，大约在18～19世纪，"圈地运动"到达顶峰，其直接导致了英国自耕农的消失，随即乡村农业也逐渐衰落，古典理想主义可持续发展思想随之失败。受时代因素的影响，斯密的可持续发展观是完全可以被理解的。毕竟当时农业是社会主要经济来源，才致使他对于农业经济的极力推崇。

"圈地运动"不仅使乡村农业逐渐衰落，更重要的是它将农民的土地剥削殆尽。对于这些农民，自耕农的身份消失后，他们的身份转换成了工人，大量的劳动力被工业部门吸收。同时，第一次工业革命在18世纪下半叶开始，机器的大量使用使得劳动生产率大幅度提高，社会看起来欣欣向荣，当时英国乃至欧洲的人口开始急剧增加。但是，落后的卫生条件和微薄的劳动力工资，使城市变得拥挤肮脏。古典现实主义的代表人物之一马尔萨斯对这种现象十分担忧，他提出了极具悲观论调的"绝对稀缺论"，其核心内容是：人口增长若不加以控制，土地承载能力将很快达到极限，人类将不可避免地陷入生存困境。李嘉图也提出了另一种稀缺观——"相对稀缺论"，即人类最终会维持在一个最低生活标准状态下，社会经济发展终将停滞不前。本研究认为：古典理想主义的可持续发展思想受时代因素所限，基本对现代社会发展不具有重要的参考意义，古典现实主义的可持续发展思想虽然过于悲观，但是其理论在人口问题上的影响是不容忽视的，随着时间的流逝，马尔萨斯理论在不同时期、不同地点"复活"，尽管已经验证了其理论的局限性。

# 第三章 基于主观价值论的可持续发展理论分析

　　18 世纪末的欧洲战争频发、民众贫困，在马尔萨斯和李嘉图的现实主义论调中，社会笼罩在一片阴郁的氛围中。19 世纪初，第一次工业革命的科技成果已经广泛应用于生产生活，穆勒正是生活在这样的时代。他既看到了社会的悲惨景象，也看到了科技给社会带来的巨大改变。穆勒是"自然和谐论"的提出者，他基本支持马尔萨斯和李嘉图的稀缺论。但是，他认为人类尚处于对自然资源认识的初期，相信只要技术得到改良，财富就会不断增长，经济停滞的"静止状态"点就会不断向后延伸。19 世纪中后期第二次工业革命开始以后，经济学领域爆发了一场全面的革命，出现了与传统经济学相对立的经济学学派——边际效用学派，该学派批判了古典经济学的劳动价值论，颠覆了以往古典经济学中由生产、供给和成本决定的价值以及建于其上的价格。同时，边际效用学派也论证了价值是由消费、需求和效用决定的，以边际效用理论为基础，将人类的欲望（需求）和资源联系起来，开辟了一个新的经济理论研究视角。其代表人物有英国的威廉·斯坦利·杰文斯、法国的莱昂·瓦尔拉斯和奥地利的卡尔·门格尔，他们几乎同时提出了边际效用价值论。此外，边际效用学派的代表性学者还包括维塞尔和庞巴维克，门格尔、维塞尔和庞巴维克共同创建了奥地利学派（也被称为维也纳学派）。本章将分析基于主观价值论的可持续发展理论的先导思想（自然和谐论）及其理论（自然资源商品创造论）的演进历程和内在逻辑。

## 第一节　自然和谐论

### 一　自然和谐论的产生背景

18 世纪末，西方国家战争频仍，美国独立战争（1775 年 4 月）、法国大革命（1789 年 7 月 14 日）、法国雾月政变（1799 年 11 月 9 日）相继爆发，西方社会充满了动乱，这些战争对英国的影响是深远的。1775 年，美国发生独立战争，殖民地人民为了争取自由解放勇于斗争，最终摆脱了英国的殖民统治，成为独立国家。这对英国人民产生了巨大的影响，尤其是对底层人民，他们渴望摆脱压迫，渴望得到自由，南北战争激发了他们为自己争取自由的决心。1789 年，法国大革命爆发，法国大革命的自由思想传入英国，英国工人阶级开始觉醒，他们期望同法国人民一样争取自由，法国大革命的爆发，使他们坚信自由的时代终将到来。因此，18 世纪末，英国激进运动开始复兴。激进运动最早兴起于 18 世纪 60 年代，以"威尔克斯事件"为运动起点，事件的主体是英国的激进派和保守派，激进派代表英国新兴资产阶级的利益，保守派则为贵族地主阶级代言；他们主要围绕要不要对议会代表制度进行改革、要不要实行普选进行激烈交锋。18 世纪末，激进运动开始复兴，两大派系尖锐对立，英国社会发展受到很大影响。社会对立直接导致英国经济衰退，英国的经济下滑明显。在那样一个充满战争与暴力的时代，很多人理所当然地认为人类在自然中的生存充满了斗争，人类正常生存状态便是这样的生存竞争状态。

但穆勒[①]并不这样认为，他的看法是，这种斗争的状态是社会进步的必然阶段，斗争并不是衰落的标志，而是进步的标志。他以美国独立战争为例，认为在美国独立战争中涌现了许多杰出的人物，体现了全体人民的进步决心，对人类有进步意义。而斗争使社会发展最终走向进步还是衰退，主要取决于人口是增加还是减少，若劳动人口在战争中生存下来，他们所拥有的知识技术将会帮助他们重新进行生产、提高产量，只要足够努力，产量在短时间恢复到战争之前的水平也并非不可能。确如穆勒所说，到了 19 世纪上半叶，伴随着第一次工业革命，英国经济开始复苏。英国的人口在经济的复苏中起到重要作用，英国人口不断增长（见图 3-1）。

穆勒同意马尔萨斯关于控制人口的观点，虽然他并不为人口增长过快而产生的粮食问题而担忧。在穆勒看来，即便人口增长

---

① 约翰·斯图亚特·穆勒（John Stuart Mill, 1806~1873）是 19 世纪英国历史学家、经济学家、政治理论家、哲学家、功利主义伦理学家和功利主义教育思想家詹姆斯·穆勒（James Mill, 1773~1836）的长子，他出生于伦敦富裕家庭，自幼受到良好的教育，三岁起学习希腊文，九岁通读古希腊重要著作，少年时便有了超过成人的大量知识储备，被誉为天才少年。十四岁到法国学习化学、植物学和高等数学，一年后，回到英国研究心理学和古罗马法律。1823 年，他进入不列颠东印度公司任职，直至 1856 年不列颠东印度公司解散。1865 年，穆勒成为下议院议员，任期三年。他于 1873 年逝世。穆勒的代表作有《政治经济学原理及其在社会哲学上的若干应用》（1848）、《论政治经济学中的若干未定问题》（1844）等，许多人认为穆勒的《政治经济学原理及其在社会哲学上的若干应用》是唯一一部可以与亚当·斯密《国民财富的性质和原因的研究》（1776）相匹敌的著作。

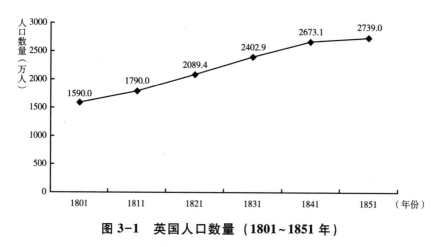

图 3-1　英国人口数量（1801～1851 年）

数据来源：中国科学院经济研究所世界经济研究室. 主要资本主义国家经济统计集：1848～1960 ［M］. 北京：世界知识出版社，1962：174.

是无害的，他也希望人口能够停止增长，理由是：首先，世界是自然的，自然界中有很多事物可以给人类带来无限的快乐，人类不能仅仅为了自身的目的而破坏自然原本的样子；其次，人类需要独处的时间与空间，思想深刻与性格沉稳的必不可少的条件便是孤独（"一个人面对大自然的美和壮丽，则是使人产生思想和抱负的摇篮"）。

英国工业生产增长趋势可以通过蒸汽机的数量一窥究竟。1785年，英国纺织工业出现了第一台蒸汽机，到1800年，蒸汽机数量达到了321台，1810年，英国拥有5000台蒸汽机。若英国蒸汽机保有量按马力总量计算的话，1822年为100千马力，1826年为375千马力，1840年为600千马力，1850年则达到了1290千马力。这也伴随着英国经济在19世纪上半叶的显著增长，图3-2显示了1783～1851年英国的国民收入。

由图3-2可知，1783～1800年，英国国民收入增长缓慢，17

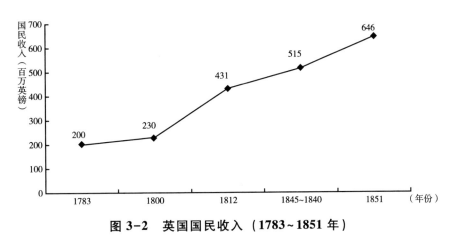

图 3-2　英国国民收入（1783～1851 年）

数据来源：中国科学院经济研究所世界经济研究室．主要资本主义国家经济统计集：1848～1960［M］．北京：世界知识出版社，1962：182.

年的时间里国民收入增加 15%，而在 1800～1812 年的 12 年时间里，国民收入大约增加 87.4%。穆勒正是生活在这样的时代，国家逐渐从灾难中恢复过来，科技高速发展，这为穆勒提出自然和谐论奠定了基础。

## 二　自然和谐论的研究基础

穆勒认为，有利的自然条件是生产力提高的原因；自然界不仅给人类提供原料，还给人类提供动力；有利的自然条件对一个国家的生产力的发展是必要的，直接影响着国家财富的积累。

### （一）有利的自然条件是生产力提高的原因

对农业生产来说，土壤的肥力是最基本的生产条件，直接影响农业产品产量。自然条件也影响工业部门的生产活动。一方面，良好的自然条件可以通过减少生产者的日常需要促进生产力提高，如气候适宜可以降低生产者住房衣着要求，促使更多的精力投入其他重要的生产活动中；另一方面，气候也可能给生产带来负面影响，如建筑物受风吹日晒会加速老化。除土壤和气候外，矿藏也是重要的因素，因为它可以补偿气候带来的负面影响，如通过燃烧煤炭可以极大地提高人们的生活质量等。同时，在穆勒生活的时代，贸易对人类社会发展已具有重要性，因此，穆勒将生活在海边视为最大的有利条件，因为四通八达的海上航道和运河可以为人们带来巨大的经济利益。

**（二）自然界不仅给人类提供原料，还给人类提供动力**

穆勒在讨论生产要素时说"生产要素有两种：劳动和适当的自然物品"。劳动在生产过程中只是起到改造的作用，并没有改变物质的性质和自然规律，劳动仅仅是使物体发生了变化，之后的一切变化都是物质本身在自身属性和自然规律支配下的结果。虽然在穆勒看来自然力的作用是无限的、无法计量的，但是他仍旧区分了有限资源和无限资源。首先是土地，土地可以看作无限的，但优质的、可耕种的土地是有限的；其次是水，日常用水可以是无限的，但用于灌溉的水资源则是有限的；再次是矿藏，矿藏总体是无限的，但煤炭、金属矿石等是有限的、可耗尽的；最后，海洋渔场资源是无限的，但随着人类捕捞范围和规模的扩大，终会成为有限的，内河渔场资源也是有限的。因此，穆勒认为自然要素实际上是无限的，但是在人们的眼中，无限的东西是不具有任何价值的；免费获得的东西，人们不会珍惜，通过限制其数量，自然要素的所有权或使用权就会具有交换价值，人们才会有动力进行生产创造。

**（三）有利的自然条件直接影响着国家财富的积累**

有利的自然条件包括丰富的矿藏、良好的气候环境、丰富的水资源还有优质的土地等。穆勒在《政治经济学原理及其在社会哲学上的若干应用》一书中明确提出人类生存于自然中，对自然的科学研究往往发生在实践之后，经济学研究是对人类所关心的财富问题的研究。他首先从财富谈起，认为财富有两种：一种是普遍意义上的货币，是对人类有重要用途的工具，它被称为财富是具有正当性的；另一种财富是人类必需的但并非由大自然无偿提供的东西。对这种财富，穆勒给出了解释：空气是人类生存必需的东西，但是它可以免费获得，人人都可以占有，放到市场上没有任何价值，因此空气不是财富。如果有人长期居住在没有空气的地方，比如深海里的潜水艇或是宇宙飞船中，那么人工供给的空气就会有价格。一旦人类遭受了巨大灾难，空气变得特别稀有，空气在市场上获得了高昂的价格，变成了财富，是不是人类的财富就增加了呢？以损害自然的方式占有的财富，并不是全人类共同的财富，而是一种掠夺。穆勒认为人类在最初的游牧时期，积累财富的原始手段是依赖自然、保护自然。那时，由于人口非常少，地球上可供使用的天然牧场很多，因此人类可以通过畜牧手段储备生活资料，而牧草对于动物来说是绰绰有余的，完全不需要担心牧草的匮乏，人类只需要付出简单的劳动抵挡野兽和他人的抢夺就可以拥有大量的财富。随后人类相继步入农业社会、工业社会，人类开始耕种土地，直接或间接地从自然中获取生活补给，土地成为人类社会发展的希望，土地的占有量也成为财富分配的"金标准"。

除此之外，关于自然资源问题，穆勒研究了矿山和渔场的相关问题。关于矿山他提出了疑问：为什么人们不竭力开采矿山来满足市场的需求呢？他分析了矿石包括煤炭的产量受到限制的原因：一方面是矿山主为了保护矿山，避免矿石耗竭而控制开采；另一方面是为了实现垄断以维持矿石的价格。因此，巨大的需求与有限的产出形成对比，市场上供不应求，所以矿石的价格一直维持在这个水平。同样的情形发生在渔场中，渔场都是有主的，而其供给与市场需求的关系和上述矿山的例子是一样的。新的、产量丰富的矿山或渔场的出现则会打破这一现象，最终的结果就是最差的矿山和渔场被市场抛弃。若将矿山和渔场按优劣列一个表格，那么就是在上端增加一截而在下端砍掉一截，最终市场供需与原来一致，这也就是说，现在开发的最差的矿山和渔场决定了其他矿山和渔场的租金及产品的价值。

以上关于自然的相关研究是自然和谐论的基础，在穆勒看来，自然界给人类的发展提供了不竭的原料和动力，成为生产力提高的主要原因，最后使得国家财富不断积累。因此他提出，人类可持续发展需要的是人与自然和谐的状态，因此其理论被概括为自然和谐论。

## 三　自然和谐论的理论逻辑

在穆勒的自然和谐论理论体系中，社会的可持续发展伴随着自然、人口及技术的相应发展，已知的社会经济进步通常表现在资本的增加、人口的增长以及生产技术的改进上。这种进步何时会停止？停止时又是何种状态？穆勒定义了人类本性中认为最好的状态，那就是没有人比别人更贫穷，也没有人比别人更富有，这样的状态下没有人担心自己会落后于他人。因此，穆勒所追求的可持续发展的社会是一个平等的社会，是一个人与自然和谐的社会。他认为其中的关键因素——人类命运的走向是与科学技术发展和人口问题息息相关的。因此，下面从科学技术和人口问题两个方面探讨穆勒自然和谐论的理论逻辑。

首先是关于科学技术的研究。已经目睹了许多发明的穆勒相信，人们对未知领域的探索还处于初级阶段，人类对自然的认识才刚刚开始，同时他也看到了人类驾驭自然能力的提升对社会进步的影响。在穆勒的理论中，人类支配自然的力量就是科技的力量，这种力量是无限且永恒的。他提出，人类支配自然的力量在增加，这种增加是永恒的，而且在人类预见能力所及的范围内是无限的。他对机器发明持怀疑态度，认为机器只是提高了工厂主和制造商的利润，虽然他们的生活状况得到改善，但是穷人更穷了，这种发明只有在公平的分配制度下，且在人口得到控制时，才会成为人类的共同财富和改变人类命运的手段。机器生产通常会让穷人更穷，富人更富。穆勒认为，要想让机器生产为人类发展做贡献，一是需要有公平的分配制度，二是要控制人口数量，这样人类才会达到人类本性中认为的最好的状态。穆勒的科技发展与人类发展的关系如图 3-3 所示。

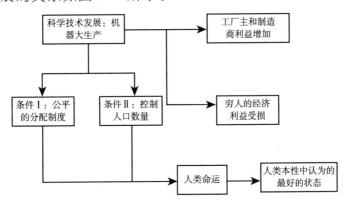

**图 3-3 穆勒提出的科技发展与人类发展的关系**

其次是关于人口问题的研究。穆勒认为人口与劳动有直接的关系，"劳动的增加，就是人类的增加，也是人口的增加"。穆勒以地球上全部生物的繁殖为例，认为生物繁殖的快慢往往取决于不同纲目的生物特性，尽管生物纲目有所不同，但可以肯定的是，其繁殖能力是按几何级数来提高的，只是速度不尽相同。人类也不例外，人类的繁殖力是十分惊人的，在特定的条件下，如果人口的繁殖力完全发挥，那么人口规模将是庞大的。但在大多数情况下，由于各种各样的因素，这种情况并没有发生。既然人类一般不会遭受天敌的威胁，那么人口的增长实际上受到哪些抑制因素的控制呢？穆勒给出了限制人口增长的两种解释：一是自然能包容的最大出生率；二是由于某些原因，人口总量时常会大量减少。穆勒认为在落后的社会状态下人口增长可能是靠饥饿来抑制的，在进步的社会中则依靠节制生育。人有主观思想，对贫穷的畏惧、担心失去体面的生活等各种原因会使其节制生育。节制生育的办法有很多，在一些国家，节制生育是一种自觉的自我约束，一些国家则通过制定政策来约束人们，也可能是靠一种普遍的风俗。人口的增加会给自然带来巨大压力。例如，优质的土地被开垦后，随着人口的增加，人类不得不通过贫瘠的土地来获取所需的生活补给。这样发展下去，人们连充足的生活必需品都得不到，人口的增长带来人类的衰败。穆勒同意马尔萨斯的观点，认为社会并不会由于人口的增加而变得更美好，人们反而没有人口少的时候过得惬意，这并不是社会不公平的结果，而是人口增加导致自然资源相对匮乏的结果。其中两个重要因素是人口增长速率和社会改良速率，若前者大于后者，则结局会是悲惨的；若后者大于前者，那么人们的生活质量就会提高。

最后，穆勒在其著作中对人类未来的发展情形提出了比较明确的设想。他用"静止状态"来形容未来的社会状况，"静止状态"与"李嘉图停滞"基本相似，即进步的终点。但是，这并不意味着人类的进步和财富也处于"静止状态"。"静止状态"点会不断变化，只要技术得到改良、财富在增长，"静止状态"点就会向后移动。穆勒并不赞成政治经济学家们关于"静止状态"表现出来的悲观情绪，相反，他提出："整个来说，'静止状态'要比我们当前的状态好得多。"所以，为了人类未来的可持续发展，他说："那我则为了子孙后代的利益而真诚地希望，我们的子孙最好能早一些满足于'静止状态'，而不是最后被逼得不得不满足于'静止状态'。"穆勒的自然和谐论是对马尔萨斯和李嘉图的古典现实主义可持续发展思想的一种反驳，同时用一种抽象的观点解释了自然在社会发展中的作用，其理论体系中的对"静止状态"的满足，为之后出现的自然资源商品创造论提供了思想源泉。

## 第二节　基于主观价值论分析范式的产生

### 一　第二次工业革命的推动作用

第一次工业革命引起了社会的巨大变革，人们看到了科学技术对社会的促进作用，激发了人们对自然科学的研究兴趣。19世纪，世界各地涌现了许多做出划时代贡献的伟大科学家，出现了许多改变人类生产生活方式的重要发明。1732年，美国科学家富兰克林（Benjamin Franklin）证明了电的存在。1831年，英国物理学家法拉第（Michael Faraday）发现了电磁感应现象，不久，他根据这个原理发明了圆盘发电机，这是世界上首个发电机。1794年，英国人斯特里特第一次提出燃料与空气混合的概念。1833年，英国科学家赖特成功设计出直接利用燃烧压力推动活塞做功的内燃机。1882年，法国人德普勒发明了远程输送电力的方法。电的发现和电的输送方法的诞生，在19世纪导致无数电器新发明（见表3-1）。由此，第二次工业革命开始。

表3-1　19世纪下半叶重要的电器发明情况

| 年份 | 人物 | 国籍 | 电器名称 |
|---|---|---|---|
| 1854 | 亨利·戈贝尔（Henry Gobel） | 德国 | 电灯泡 |
| 1866 | 维尔纳·冯·西门子（Ernst Werner von Siemens） | 德国 | 发电机 |
| 1870 | 齐纳布·格拉姆（Zénobe Théophile） | 比利时 | 电动机 |
| 1873 | 亚历山大·格拉汉姆·贝尔（Alexander Graham Bell） | 美国 | 电话 |
| 1877 | 托马斯·爱迪生（Thomas Edison） | 美国 | 留声机 |
| 1881 | 维尔纳·冯·西门子（Ernst Werner von Siemens） | 德国 | 电车 |
| 1891 | 威廉·肯尼迪·劳里·迪克森（William Kennedy Laurie Dickson） | 苏格兰 | 电影放映机 |
| 1895 | 伽利尔摩·马可尼（Guglielmo Marconi） | 意大利 | 电报 |

电气时代的到来，极大地提高了西方社会的生产效率，改善了人们的生产生活环境，人们的生活质量得到了显著的提高。德国著名汽车公司创始人卡尔·本茨（Karl Benz）制造出第一台单缸煤气发动机。物质生活的巨大改善提高了人们对精神生活的要求。与此同时，19世纪中后期，世界各地掀起了一系列由人类意志改变造成的不同程度、不同性质的资本主义瓜分和掠夺、工人起义、民族解放运动等，世界各地纷争不断，如表3-2所示。

表 3-2　19 世纪中后期世界各地主要纷争

| 时间 | 事件 |
| --- | --- |
| 1844 年 | 1844 年德意志西西里工人起义 |
| 1848～1849 年 | 1848 年欧洲革命 |
| 1853～1856 年 | 克里米亚战争 |
| 1857～1859 年 | 印度民族大起义 |
| 1861 年 | 俄国农奴制改革 |
| 1861～1865 年 | 美国南北战争 |
| 1868 年 | 日本明治维新开始 |
| 19 世纪 70 年代初 | 意大利统一最终完成 |
| 1870～1871 年 | 1870～1871 年普法战争 |
| 1871 年 | 德意志统一最终完成 |
| 19 世纪 80 年代 | 法国最终确立了对越南的统治地位 |
| 1881～1899 年 | 苏丹马赫迪反英大起义 |

　　由此，一批经济学家开始思考人类可持续发展与人类主观精神的联系。19 世纪 70 年代以后，出现了与传统经济学相对立的新的经济学学派——边际效用学派，该学派批判了古典经济学的劳动价值论，以边际效用理论为基础，将人类的欲望（需求）和资源联系起来，开辟了一个新的经济学研究视角。边际效用学派的代表人物有英国的威廉·斯坦利·杰文斯、法国的莱昂·瓦尔拉斯和奥地利的卡尔·门格尔，他们几乎同时提出了边际效用价值论。

## 二　环境问题凸显与疾病大流行

　　19 世纪末，英国已经出现了严重的空气污染，据统计，1881～1885 年的冬季，伦敦中心地区的晴朗天数仅仅是牛津（Oxford）、剑桥（Cambridge）、马尔伯（Marlbrough）和吉尔德斯顿（Geldeston）

的六分之一；在此期间，伦敦中心区冬季的日光量仅有上述四地的
20%。这与煤炭的使用量是密切相关的，英国煤炭的消耗量在 17 世
纪末到 18 世纪末增长了数十倍。据估算，1800 年英国的煤炭产量只
有 1000 万吨，而到了 1913 年产量达到 2.87 亿吨。1800~1900 年英
国煤炭产量如图 3-4 所示。

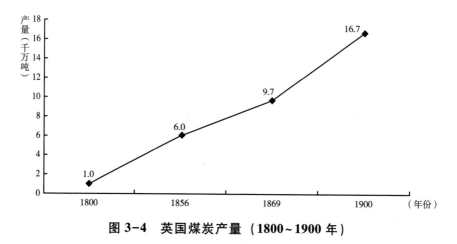

**图 3-4　英国煤炭产量（1800~1900 年）**

数据来源：〔英〕布雷恩·威廉·克拉普. 工业革命以来的英国环境史
〔M〕. 王黎，译. 北京：中国环境科学出版社，2011：15.

19 世纪的空气污染问题来源于煤炭的大量使用。生产生活大
量用煤，导致煤烟不断地排放到空气中，蒸汽机的大量运转连续不
断地制造烟尘。除此之外，还有大量的酸性物质、粉尘随着工业生
产不断排放到自然环境中，这些有害的物质大多来自重化学工业，
如制碱业、盐田、陶瓷制造业等。

除了空气污染问题，随着城市人口的增加，城市卫生问题逐渐
突显，城市变得拥挤肮脏，居住环境十分堪忧。1584~1591 年，约
翰·哈林顿（John Harington）发明了第一个抽水马桶。1775 年，
伦敦有个叫亚历山大·卡明的钟表匠改进了哈林顿的设计，发明了

一种阀门装置，研制出冲水型抽水马桶，并首次获得了专利权。但是自来水设施以及排水设施的修建进度缓慢，直到 1864 年伦敦的污水管道才建成使用，因此抽水马桶并不普及。19 世纪 60 年代，利兹的撒土厕所及粪坑与抽水马桶的比例大约为 3：1。除此之外，城市垃圾也大量增加，垃圾堆积如山，得不到及时的处理。英国普利茅斯（Plymouth）的一名卫生官员在 1874 年写道："在视察（恶臭来源）的过程中，我发现一堆此生前所未见的数量如此之多的污物，无论是在国内或是国外。我保守地估计约有 3000 吨城市固体废物堆放在这儿，为了加重这堆污物散发臭气的效果，约 30 头猪正忙于拱起周围的粪土，并吞食着混杂其间的污秽的内脏。"长期以来，为了满足自身生产需求，工厂都聚集在河流两岸，工业生产和人口增长将河流生态推向了危险的境地，英国河流状况不断恶化。饮水安全得不到保障，直接导致了公共健康问题的产生。此外，英国分别在 1831 年、1848 年、1853~1854 年和 1866 年经历了四次霍乱大流行，自然资源商品创造论正是在科学技术水平不断提高和环境问题凸显与疾病大流行相互交错的背景下逐渐产生的。

## 三　对资源耗竭的前瞻性思考

威廉·斯坦利·杰文斯[①]和穆勒生活在同一时代，是边际效用学派的创始人之一，开创了经济学思想的崭新时代，他的著作

---

① 威廉·斯坦利·杰文斯（William Stanley Jevons，1835~1882）出生于英国利物浦，他的父亲是一个擅长写法律和经济文章的贩铁商人，母亲是英格兰知名历史学家威廉·罗斯科的女儿。杰文斯 15 岁时去往伦敦大学学院学习，1854 年，由于家庭变故，不得不去澳大利亚成为一名薄荷糖厂的分析员。1859 年，他再次回到伦敦大学学院，继续学习农学和文学。1866 年，杰文斯成为欧文学院的教授。1876 年，他在伦敦大学学院成为政治经济学教授。其代表作有《政治经济学理论》（1871）、《煤炭问题》（1865）。

《煤炭问题：关于国家进步和国内煤炭可能耗竭问题的研究》中有关于自然资源大量且详细的论述。除此之外，杰文斯的思想中还包含着这样的观念：大自然所蕴含的能量是无限的，其力量是我们人类无法左右的，我们人类只能从中提取对我们有益的部分并合理规避它带来的伤害；但是人们不顾丰茂的草木，垦荒以谷物为生，烧掉最大的树林，只使用它的灰烬，洗掉万吨的沙砾，只为提取金子的小小颗粒。杰文斯说："大自然的粗暴力量对人类来说太大了，同时也太小了。我们通常能做的就是规避它的伤害，而不是让它服从我们。"人类只从大自然不可估量的消耗中提取了极小的部分。太阳每年所产生的热量是每年产出的煤炭所产生热量的 1000 倍之多，而这少量的煤炭就能使人类的社会快速地进步。杰文斯关于煤炭和其他自然资源的探讨，是在当时社会背景下对资源耗竭的前瞻性思考，是具有进步意义的，是之后自然资源商品创造论的理论前提。以下将从人口与煤炭的关系、对煤炭问题的思考、对自然资源的思考三个方面详细论述杰文斯对资源耗竭的前瞻性思考。

**（一）人口与煤炭的关系**

杰文斯阐释了人口的自然原理。早在第一次工业革命之后，化石能源开始广泛应用于生产生活，从蒸汽机和其他涉及煤炭消费的发明开始投入使用以来，英国的人口数量便迅速地增长，到 1820 年左右，农业人口和制造业人口规模大致相等，但是后来农业人口剩余造成了国家的贫困。只有在城镇、产煤区及铁矿区，人口才会较快增长，越是与煤炭直接相关的行业，人口增加的速度就越快、越稳定。同时，人口又受到移民因素的影响。人口移民到国外，虽然不会导致国内人口数量的增长，但是国内的福利水平会相应提高，进而导致未来人口数量的大幅增加。杰文斯发现 1811～1821 年英格兰和威尔士的人口增加了 1722574 人，1851～1861 年增加了 2172177 人，虽然同样是 10 年，后者增加的绝对量大于前者，但在百分比上前者增加了 18%，而后者仅增加了 12%。他分析原因后认为，下一代人一般会模仿上一代人，如果一切照旧，财富、教育、结婚年龄等因素都相同，那么一户拥有两个孩子的家庭，下一代将会有四个孩子，再下一代将有八个孩子，以此类推，可预测一个大概的平均情况。一代人没有像上一代人一样去生活，那么肯定是性格或环境发生了一些变化。因此，杰文斯同意马尔萨斯的人口理论，即人口将趋向按同一比例增加，但食物不一定也按照同一比例增加，外在的自然存在某种绝对的不可突破的界限。由此，杰文斯将其与煤炭消耗相联系。他说："煤炭消耗量，实际上是一个（有）两个维度的量，一个是人的数量，一个是每个人的平均使用量。"即使每个人的用量不变，如果人的总数在持续地增加，那么煤炭的消耗量也会一直增加。人类早晚会达到煤炭消耗量模糊但不可避免的边界，即再怎么使用新的发明、再怎么去找廉价的煤炭，随着煤炭开采的深度增加，终有一天煤炭将会陷入短缺，以致影响人类的发展进步。

### （二）对煤炭问题的思考

杰文斯在《煤炭问题：关于国家进步和国内煤炭可能耗竭问题的研究》一书中对煤炭进行了探讨。他注意到煤炭是当时社会进步的主要推动力，因为煤炭作为燃料，既是机械运动的源头，又是化学变化的源头。煤炭已经成为家庭不可或缺的物品，它为人们的生活提供多种服务。由此，杰文斯认为他生活的时代完全可以被称作"煤炭时代"。煤炭已经完全超过了其他商品的地位，因为煤炭是国家主要能源，缺少煤炭，整个国家将陷入过去的艰苦贫穷之中。杰文斯认为煤炭的作用如此之大，已经对社会发展产生了至关重要的影响，若煤炭不能持续地供应，那么人类生存所需的一切物质力量的基础将不复存在。"至少，英国的制造业和商业的伟大在这个问题上处于危险之中，我们也不能确定物质衰退不会使我们陷入道德和智力的倒退中。"杰文斯认为有些无知又自私的人，害怕失去自己目前能够享受到的一切事物，因此，他们不去思考未来，或将人们对未来的担忧说成是空想或荒谬的。虽然人们对未来的看法是模糊不清的，但是人们必须承认我们要对自己的子孙后代负责，要有长远的思维，至少不应该去散布关于煤炭供给会始终保持充足、煤炭替代物一定会出现等这样似是而非的观点。

杰文斯认为煤炭消耗过快，他注意到工业的钢铁、纺织、航运和其他重要的部门都在以快速且恒定的速度发展，因此有充分的理由认为，煤炭的消耗量也是以同样的速度在快速且恒定地增长，如果以这样的速度消耗一个世纪，煤矿的平均深度将达到 4000 英尺，到时煤炭开采所需的费用将会极高，煤炭的价格也将大幅提高。由此可以推断，目前社会的进步速度终将变缓，影响社会繁荣发展的第一个因素就是人口过多。虽然移民可能会短暂缓解这个问题，但是贸易的增加会使社会保持这种进步，随着社会进步，人口还会持续增加，往复循环。另一个因素是煤炭资源的枯竭，杰文斯谈到英国工业中产生了很多有用的新发明，这些发明极大地节约了煤炭的消耗量，但是节约下来的煤炭只是从一个用途中节约下来，转而用于另外一个用途，而且获得的利润很快就会以许多新的形式扩大就业，因为工业部门是相互依存、相互联系的，任何一个部门的进步几乎都会导致所有部门的进步，同理，任何一个部门的退步也会造成其他部门生产的衰退。因此，杰文斯对资源耗竭产生了深深的忧虑，认为人类目前的一切进步都来源于煤炭的消费，若未来人类退步，其原因也将是煤炭的消耗。

**（三）对自然资源的思考**

杰文斯认为大自然的能力是无限的，他的关注点从煤炭转到其他的自然资源，如陨石的坠落、岩石的坠落，还有其他天然可燃物产生的能量，他认为整个地球上储存着巨大的能量。我们知道有些能量是无法获得的，有些是在我们合理的选择下可以利用的。比如潮汐能、太阳能；光或化学作用是有机燃料的来源，包括木材、沥青等；热能可以引起风和水的相关运动等。因此，"现在很容易看出，大自然对我们来说几乎是无限的，但经济（活动的目的）在于发现和挑选那些最适合我们目的的那些几乎无限的部分"。

## 第三节　自然资源商品创造论

边际效用学派作为传统经济学的对立面，提出了一种全新的研究视角以分析可持续发展，他们将人类社会的经济生活归结为人的无限欲望和数量有限的资源之间的关系，把人的欲望及其满足作为研究的对象和出发点，以边际效用理论分析人类与可持续发展的关系，形成了以主观价值论为分析方法的自然资源商品创造论。他们热衷于抽象演绎。首先，他们从自然出发，将自然的价值作为可持续发展研究的逻辑基础。其次，他们认为经济本质上就是人的无限欲望和数量有限的资源之间的关系，把人的欲望及其满足作为可持续发展的研究对象。最后，他们将可持续发展与人类的最终福利联系起来进行讨论。从整体的逻辑构成上来看，边际效用学派的研究视角从人的意志逐渐收缩至人类的欲望，最后聚焦人类的福利。边际效用学派研究的是商品的效用对人类福利的影响，若说传统经济学主要是以资源的稀缺性为研究核心，那么边际主义的可持续发展理论则是通过将商品与人类欲望联系起来，用另一种"稀缺观"来分析可持续发展问题，笔者将其归纳为自然资源商品创造论。自然资源商品创造论的分析逻辑如图3-5所示。

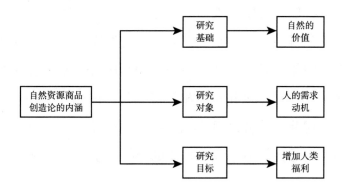

**图3-5　自然资源商品创造论的分析逻辑**

## 一　研究基础：自然的价值

### （一）对自然的基本理解

自然资源商品创造论的基本要素是自然。自然是可持续发展研究中不可忽视的存在，即便边际效用学派的理论方法是相对"唯心"的主观价值论，边际效用学派也对自然进行了分析。瓦尔拉斯[①]认为

---

① 莱昂·瓦尔拉斯（Léon Walras，1834~1910）出生于法国厄尔区的埃弗戈里，他的父亲是一名经济学家。瓦尔拉斯早年进入一所矿冶学校学习，从事土木工程一类的工作，之后投身于文学和新闻学，在1858年接受了他父亲的劝告，进行经济学研究。1860年发表处女作《政治经济与正义》，1871年被聘为洛桑大学的教授。1874年和1877年他分两部分发表了《纯粹政治经济学要义》，1910年1月5日于克拉伦斯逝世。主要著作有《政治经济与正义》（1860）、《纯粹政治经济学要义》（1874、1877）、《社会经济学研究》（1896）、《社会思想研究》（1898），瓦尔拉斯把边际效用称为"稀少性"。

所有的事物都可以分为两类：一类是由没有思想的运动形成的，即自然现象，另一类是由人类意志控制造成的。关于自然现象，人们可以对其进行解释并加以验证，但是人类的意志是无法证实的。因此，可以将宇宙中的事物分为"人"和"物"两类，"人"是由人类意识支配的，是自主的、有认知能力的，而"物"则是漫无目的的，"人"是"物"的主宰，除此之外，凡不是自己的主宰者的都是"物"，一切的自然资源、动物、植物等都是"物"。从理性论的观点来看，瓦尔拉斯认为，所有"物"都是受人支配的，"物"没有意识，也无法对自己负责，它没有善恶之分，无法进行善意的行为，也无法做恶的事情，因此，"物"是完全无辜的，我们可以把它想象成纯粹的机械结构。所以，动物、植物和矿物都没什么区别，但是人是有意识的，可以去追求自己的目标，可以为自己的行为决定负责。所以，"人"与"物"的区分是权利的基础，一切"物"都受到"人"的支配，即使世界上只有一个人，那么他也是一切"物"的主宰，这就是人与人之间权利与义务的交互作用的根源。而"人"能支配"物"，却不能支配自然，人类需要服从自然规律，可以对抗自然规律，也可以听之任之，但无法改变自然的本质和规律，"我们不能支配自然，只能服从自然"。

**（二）自然的价值**

在运用主观价值论分析时，边际效用学派提出的第一个观点就是自然资源的开发潜力具有无限性，依据的是自然是慷慨的——自然是可以量化的——自然资源是永恒的这一思路。具体分析如下。

首先，自然是慷慨的。就大自然本身来说它所给予的多是过分多余的，任何人都可以随意取得，因此，无论它们是如何有用，人们也不愿意花代价去取得它们。就像在市场上一样，过分多余的东西就会被认为没有任何价值。因此，虽然人们有节约的想法，但是没有人会去节约那些我们认为取之不尽、用之不竭的东西，而这些东西的使用权也不会有人在乎，因为我们能毫无限制地使用。弗里德里希·冯·维塞尔①认为人们对大自然给予的东西是不加珍惜的，因为资源是无尽的。但是，维塞尔也说，即便在最慷慨的场合，自然也只是以少数的物质为人类提供取之不尽的数量，并不是全部都无限供给的。在维塞尔的眼中，即使是如此慷慨的大自然，所提供的能满足人类贪婪欲望的东西都少之又少。由此，他提出"边际效用"的概念，用以描述人们的需求和满足之间的关系。边际效用可以被解释为：当一种财物供应比较紧张、不足以满足所有的欲望时，人们对其欲望最强烈，伴随财物供应量的增加，人们的满足感的增加会变得更缓慢和困难，最终会到达一个极限，不再增长。

其次，自然是可以量化的。在谈到自然的价值时，维塞尔说，光凭观察到事物对我们"有用处"，并不会使人们对自然有一种强烈的关心。因为，出于人的天性，人们只关注与自己有关的事物，把各种事物当作人类福利的手段和条件，这是人类对待自然事物最冷漠的形式。因此，要让人们对自然事物有一种强烈的关心，则涉及所有权问题，只要不是世界上确实过分多余和天然过分多余的东西，都可以是经济财物，经济财物有经济价值。也就是说自然事物可以用价值量化，自然问题就变成了估值问题，价值的一般定律适

---

① 弗里德里希·冯·维塞尔（Friedrich Freiherr von Wieser，1851~1926），1868~1872 年在维也纳大学学习，随后进入政府服务。1884 年到布拉格大学，1889 年成为该校的经济学教授，1903 年在维也纳大学接替门格尔，成为维也纳大学经济学教授，他除了早期担任过财政部官员外，一直从事经济学的研究和教学工作。他的主要著作有《经济价值的起源及主要规律》（1884）、《自然价值》（1889）、《社会经济理论》（1914）。

用于这种情况。

最后，自然资源是永恒的。瓦尔拉斯根据物质对人类的作用，将物质分为有用的物质和无用的物质，物质又可以被分为有限的和无限的，只有有限的并且是有用的物质才能被称为稀少物质，才具有"稀少性"，瓦尔拉斯把边际效用称为"稀少性"。有限的物质可以被占有，无限的物质如空气，即使被占有也毫无额外作用。只有占有稀少物质才具有价值，可以自己使用或者转卖给他人换取其他的稀少物质。因此，他认为社会财富就是所有稀少物质的总和，而这种占有稀少物质和分配稀少物质的行为，是人类创造的，不是自然界中的现象，是由人类的意志支配的，并不是出于自然力量。这种行为的好坏也取决于人类，如果方式是好的，则人类相互配合，社会就会向好的方向发展；如果方式是不好的，就会导致一些人的命运被另一些人左右，社会就会向坏的方向发展。借助"稀少性"，瓦尔拉斯对人类经济发展的意义进行了相关的探讨，经济发展依靠土地和人口，土地是自然资本，不是人生产的，是不灭的资本，不会由于使用或遭遇不测而毁灭。瓦尔拉斯认为土地资本是原始的和不灭的，人同土地一样是自然资本，而人虽然是可灭的，但是通过代代相传，人类实现了延续。虽然人力资本不能买卖，但是劳动或人力服务是既有供给又有需求的。经济发展的条件是不言自明的，第一，由于发达国家的土地供应量已经达到了上限，土地的面积不再增加，那么就需要在同样的土地量上获取较多的产品。第二，随着经济的发展，人口是要增加的，因为未来的产量要增加，所需的劳动要增加就是肯定的。第三，随着社会的发展，人们对资本服务的需求也会大幅增加，这就要求在土地量不变、人口增加的同时，使制成品的

"稀少性"减弱，而且其增速要高于人口的增速。瓦尔拉斯认为在马尔萨斯的人口理论中，人口在不加抑制的情况下将每25年增加一倍的断言几乎是绝对正确的，因为生活资料的充裕会使人口持续增加。

维塞尔总结提出，劳动的价值是依据它的效用进行估价的，而土地的地租和资本的利息也都应该算进生产的成本里，这样才能得到精准的利润结果，以上是从生产领域对自然事物的价值进行分析。从收益的角度，单纯依靠自然资源是不会产生财富的，像土地和资本这些不是始终保证过分多余的资源，就属于生产手段，但土地和资本生产出来的财富，若是个人财产，其收益又全部转给私人，那么对社会是否有利是值得探讨的，维塞尔在这个问题上并没有充分探讨和给出准确答案。维塞尔在讨论资本的生产力时强调，土地是永恒的，只要条件适当，土地就能连续不断地参与生产，使人获取收益。因此，土地有租金，而人的劳动也是可以获得永久性收益的，只要正常休息，每天都会更新自身的劳动能力。可以看到，在维塞尔的认知中，土地和人这两种最基本的元素，只要经过休整，在相同的、固定的时间里所产生的生产力将不会改变。

综上所述，边际效用学派的自然资源商品创造论以自然的价值为基础。人类需要服从自然规律，自然资源既丰富又永恒，而人类与自然产生重要的联系的方法之一就是分配好自然资源所有权，将其变成经济财物，从而使自然资源具有经济价值，自然问题因此演变成了估值问题，价值的一般规律将适用其中，这是一切研究的基础。下面将更加详细地讨论经济财物（"财货"）的产生。

## 二　研究对象：人的需求动机

在边际效用学派看来，自然资源成为经济财物（"财货"）后，需要处理的就是经济财物与人的需求动机或者人的欲望之间的问题，因此，人的需求动机是自然资源商品创造论的主要研究对象。首先，进一步讨论自然资源商品创造论的研究基础，探寻其产生的本质原因，即自然资源的商品属性彻底来自自然，它具备的"财货"属性源于人的欲望。其次，人类的欲望与"财货"相互影响，商品属性是使其成为"财货"的决定因素，"财货"数量的多少也会影响人类的欲望。

### （一）"财货"源于自然

门格尔①首先提出人类是自然的一部分，我们自身的性格，包括任何一种状态，都与这个世界有着无限的关联，是其中的一环。人类常常不会保持一种状态，当从一种状态进入另一种状态时，往往是受欲望所支配的，即从抱有欲望的状态到欲望被满足的状态。由于人类与自然环境有着无限的关联，在实现状态变化的过程中，与人类欲望产生因果关系的外物就被称为有用物，或"财货"。门格尔认为"财货"是离不开自然的，而人类与"财货"之间的因果关系受人类对其的欲望的影响。

在"财货"的基本性质方面，门格尔将"财货"分为四个等

---

① 卡尔·门格尔（Carl Menger，1840~1921），奥地利经济学学派的创始人。门格尔出生于奥匈帝国的贵族家庭，1867年开始钻研政治经济学，1871年出版了著名的《国民经济学原理》一书。1872年，门格尔开始担任维也纳大学的教授，1876年担任奥匈帝国王储的私人家教，教授经济学和统计学，他一直从事该工作至1889年，于1921年逝世。其代表作有《国民经济学原理》（1871）、《关于社会科学、尤其是政治经济学方法的探讨》（1883）、《德国国民经济学的历史主义的谬误》（1884）、《关于货币理论和货币政策论文集》（1936）。

级，像面包这样与人类有直接关系的是第一级"财货"；制造面包的设备、工具虽不直接满足人类充饥的欲望，却可用于制造面包，因此是第二级"财货"；制作面包的更加基本的原材料如面粉等和所需的劳动力等是第三级"财货"；直接参与原材料种植的一切劳动和工具设备等是第四级"财货"。

"财货"的基本分类方面，门格尔认为"财货"也分为经济财货和非经济财货。像空气、阳光、水，这些都属于非经济财货，对于非经济财货，人们不会为了满足自己的欲望而排斥他人使用。因为在自然条件优越的地方，每个人平均占有的自然资源就很多。而"财货"的经济或非经济的性质，并不是附着在"财货"上的一种性质，经济性质和非经济性质是可以相互转换的。自然物大多是非经济财货，但是其中的一部分逐渐成为经济财货，原因就在于人类欲望的增加或人类可支配量的减少。

"财货"产生的根本原因方面，门格尔归纳出使需求量增加的最重要的三个原因：一是人口数量的增加；二是人类欲望的发展；三是人们对于物与人类福利之间因果关系认识的进步，即"财货"有了新的用途。而这三点原因都是伴随着人类发展而产生的，因此，人类在自然物由非经济财货变为经济财货的过程中起到了重要的作用，非经济财货逐渐变为经济财货，原因就是人类的需要使然。

门格尔提出了边际效用递减规律，即人欲望的满足随着其可支配"财货"量的增加而递减，但欲望对人类的意义决定于它对我们生命与福利所具有的意义。正常情况下，与人类生命相关的欲望的满足是对人类具有最高意义的，而与人类的福利相关的欲望的满足则是次要的。门格尔提出，人们有时由于认识不足，对于一些欲望满足的意义，很可能会给出相反的评价。人们往往在增加快乐的欲望满足中，对那些短暂而强烈的欲望满足给予较高的评价，而对于那些长久的但是较弱的欲望满足给予较低的评价。

　　为了印证自然资源与人类欲望之间的这种联系，门格尔以土地与人类欲望的联系为例展开分析。他不认同当时比较流行的地租理论，认为其只是根据个别因素阐述了地租的由来，既不全面也不现实，而土地与经纪人之间的关系并没有得到论证，土地的属性和位置好坏固然存在差异，但并不是土地价值的决定性因素。根据李嘉图的理论，若一切土地均在同一位置、具有同一属性，则不会产生地租。在土地资源极其匮乏的地方，无论土地的位置和属性多么差，也会产生地租，李嘉图的解释并不能应用于这种现实情况。门格尔认为土地在一切的"财货"中具有特殊的地位，土地和土地的利用，在具体的现象形态上与一般"财货"是相同的，它之所以具有价值，依赖于人类的欲望满足。人们对于土地的利用是存在预期的，这种预期依赖土地生产出来的第一"财货"的价值，如果人们的预期值大，那么土地的利用价值就随之变大，如果这个预期值小，那么相应的土地的利用价值就会变小。土地和土地价值的特殊性来源于一国或一个地区土地数量的不变、位置的固定以及质量存在差异这三个重要的因素，这些因素会影响其他"财货"的价值。

### （二）人类的欲望与"财货"相互影响

　　首先，人类欲望是具有独特性质的。维塞尔曾提出疑问：人的欲望及其满足是否现在和未来都一样呢？需要现在满足的价值和需要将来满足的价值是否相等呢？未来的价值永远比现在的价值小得多，这样的想法是否正确呢？维塞尔的答案是否定的。他说，如果人们没有为未来做好充足的准备，那些已经生产出来的产品终有一天会被用光，人类的生存就只能被动地依靠大自然恩赐。维塞尔对人类的未来持担忧态度，认为人类要做好应有的准备，把对于将来必需的忧虑与眼前急需的感觉等同起来。维塞尔认为，人类是具有这种为未来担忧并进行准备的能力的，但是人又是如此懒惰，人们为未来做准备的热情并不高。在探讨今天的需要和明天的需要的问题上，维塞尔始终坚持，人们对未来的需要所抱有的责任感更小一些，他认为这是一种感性和理性之间的斗争。大多数人都会为了眼前的快乐去花费所拥有的财富，维塞尔认为即使这样，在文明社会中，每一个人都应学会怎样去控制人性的弱点。他提出，人们要根据需要分配自己现在和未来的储备，通过运用劳动力来保障未来会有稳定的收入，使财富的"母金"得以维持。正如上文门格尔所阐释的观点，他认为人类一切的经济活动都与自身的欲望有关，人们为了满足自己的欲望而需要占有的"财货"数量就是人们的需求，若想保持个人的生命和福利的长久发展，那么人类就一定要有忧患意识，要未雨绸缪。如果人们没有预先筹划，只是临时才去考虑自身对于"财货"的需求，那么人类自身的生命就难以维持，欲望就可能不会得到满足。比如，一国的居民如果在寒冬到来之前没有准备好过冬的食物和衣物，那么这群人只能选择逃亡或最终死亡。而随着人类社会的进步，人类获得为满足欲望所必需的"财货"的生产过程就会变长，所以人类应该为更长时期的需求做好长远的规划。然而，门格尔也提到人类的欲望是具有发展性的，而这种发展性是无限的，因此人类对经济财货的需求量是无限的。

其次，人类的欲望满足来自"财货"，而一个物品是否具有

"财货"的性质取决于人类的欲望。门格尔要论述的一个重要观点是，一切"财货"都受到与人类欲望满足强弱的因果关系限制，人类欲望的存在是一切"财货"性质的前提，但是满足人类的欲望并不是一个物品"财货"性质的全部或者说是必需的前提。人类对"财货"的欲望一旦消失，"财货"的基本性质也就随之消失，比如奎宁能够治愈的疾病如果被全部消灭了，奎宁也就不再是一种"财货"了，因为它能满足人类欲望的性质已经不复存在了。奎宁的使用目的一旦消失，还会带来很多后果，比如，从事奎宁树的探索与剥皮的农民，还有他们手上的工具等都会突然丧失"财货"的性质。因此，一切物品都是因人类的各种欲望进而与人类产生某种直接或间接的因果关系，才具备了"财货"的性质，一旦人类的某些欲望被消灭，那么财货的性质也就随之消失了。

最后，人类的欲望从开始抱有欲望的状态到最终欲望被满足的状态是一个过程。门格尔认为，要把握整个过程中的因果关系和这个过程本身，就必须把时间考虑进来，时间是一个本质要素，这就涉及了代际问题。比如，一棵橡树若从土地、劳动力、工具、种子算起直到其成材砍伐，至少要等待一百年。因此，通常在这样的情况下，"财货"的性质要到下一代去实现。又比如，生产食物和饮料有时在很短的时间内就能完成。这种差异是巨大的，生产食物的人和看到结果的人是同一个人，他是直接支配者，而种橡树的人和最后砍伐橡树的人不是同一个人，则砍伐橡树的人就是间接支配者。因此，对于间接支配者来说，他对之前所发生的事情就不甚明了，他只能看到结果，无论是好的还是坏的。例如，关于不同的土质和肥料对于各种植物生长的影响，从而对产品的数量和品质的影响，还有很多是人类不明白的，其中存在很大的不确定性，这种不确定性对人类的经济活动有着非常实际的影响。基于此，门格尔把"财货"分为"高级财货"和"低级财货"，"低级财货"可立即用于有关的用途，而"高级财货"还处于"财货"形成过程的早期阶段，要经过一定的时间才能供人使用，根据情况的不同，这段时间可长可短。门格尔认为人类从非常原始地追赶野兽，到使用弓箭进行狩猎，之后又进行了畜牧经营，最后又发展到用大的养殖场进行生产经营，还有原始社会人类采集野果进行充饥和解渴，到之后种植果树进行采摘，再到大型果园经营的形态，这一切都随着人类社会的发展，提高了人类的福利。从中也可以看到，在最原始的状态下，人类靠采集工作去搜集"低级财货"，对于人类的欲望来说完全是出于偶然。当人类脱离了原始社会，开始去探寻那些可以使自己享乐的"高级财货"的时候，对于人类的欲望来说，这已不再是偶然之事，而是在人类权利支配之下，并且在自然规律的范围内，为人类的目的而生产的一个过程了。此时，人类已经意识到将生产条件置于自己的权利之下可以生产出供自己享乐的物质资料，那么这些享乐资料就完全是人类意志的一个体现。人类对物的因果关系存在着两种限制，第一是人的认知和理解范围是有限的，第二是人类的支配能力是有限的。门格尔认为，正是人类对物与人类福利的因果关系的认识的进步使人类掌握了获取这些福利的简明的条件，因而人类社会才会不断地进步，人类的福利才会不断地增加，人口数量才会一直增长。

### 三 研究目标：增加人类福利

自然资源商品创造论的最终目标是通过联系自然和对人的需求动机的研究，实现人类福利的增加，边际效用学派的经济学家对此都表达过类似的观点。下面将逐层递进分析影响人类福利的相关因素。

**（一）人类福利的多少取决于"财货"的"稀少性"**

杰文斯在思考经济学与人类福利关系时认为，首先，人的情感是多重而复杂的，这些情感也可以分为不同的等级，有纯粹肉体的快乐和痛苦，也有更加高级的感受如理智与道德。从最低级的感情出发，人类为了生存，需要满足肉体对食物的欲望，这是人的天然趋向；为了家人减少自己低级的欲望则是道德上的更高级欲望的满足。因此，当人有高级的感情时，低级的感情和欲望被压制也是理所当然的。其次，杰文斯认同边沁①的观点，对未来的预料对人们生活是有着决定性影响的，现实的情形对生活的影响则少之又少。而这种对未来的预料与现在的关系是有一定的法则的，对不同受教育情况、不同智力的人们，这种关系是不一样的，而且这种法则也随时间的变化而变化，对于几天之后要发生的事情，明天比今天、后天比明天要重要得多，而对于几年之后要发生的事情，今天和明天就基本是一样的，但是明年比明天要重要得多。这种预料的能力，又在经济上对人类社会的发展产生很大的影响。因此，杰文斯认为最有先见的人最能为人类未来发展的工作努力。最后，人类的幸福取决于人的未来观。对于一个无知的人，他眼中的未来是模糊的，他的视线内只有未来少数几天的事情。而一个人无论现在的生活多么窘迫，即使他没有财产、知识、能力，只要他能积极上进，努力为未来拼搏，那么他就是幸福的。反之如果一个人靠着拥

---

① 杰里米·边沁（Jeremy Bentham，1748~1832），英国法理学家、哲学家、经济学家和社会改革者，代表作有《道德与立法原理导论》和《政府片论》。

有的一切肆意挥霍，不懂得珍惜，那么终有一天他的所有财富都会消耗殆尽。虽然人类具有预料的能力，但是应该承认未来的事情是不确定的，不像确定的事情能够被估价。比如，若将来要收取 100 现金，但是能否收取到不确定，那这个机会就可能估值 50，若连续用这个价格去购买这个机会，其结果是比较接近未来的实际情况的，而这个价值 50 的机会是否准确，可以与未来的平均事实去对比验证。类比到计算我们未来的感情，如果对未来某一日的快乐，我们获得的机率是现在一日快乐的十分之一，则我们就应用现在的十分之一快乐去评价未来某一日的快乐。因此，未来的感情、态度、行为等都会与现在的感情、态度、行为之间有一个大致的换算率。而这个比率是不确定的，虽然保险业已经算出一些事情发生的大致概率，但我们对于大部分事情的未来是没有任何把握的。

人类的福利与"财货"的效用有极大关系，在谈到效用时，杰文斯对"终极效用"的解释是这样的：人类没有水就不能生存，但是在正常情况下，人们不会认为水有价值，因为在日常生活中，有取之不尽、用之不竭的水资源，这就是效用的问题，水的效用几乎为零。人类无时无刻不在享受着无限的水资源的效用，但是这种被消费的水到处可得，不会产生任何匮乏。但若是由于干旱，水的供应骤然缩减，我们平时认为没有效用的水就会有更高的效用了。因此，杰文斯提出商品的最后效用程度递减原理：最后效用程度是指在当前商品条件下，最后增加的一单位商品所能提供效用的程度，它不是指最后一单位商品所提供的效用量，而是商品增量的效用量与商品增量的比值。他认为由于商品增量的效用是递减的，效用程度也是递减的，最后效用程度则是最低的。而商品的最后效用程度决定商品的价值，即交换者将两种商品的增量按比例交换后，交换者双方的效用没有改变。可见，人类福利的多少取决于"财货"的"稀少性"。

欧根·冯·庞巴维克①进一步解释了这种逻辑，他将"财货"的"稀少性"和人类福利联系起来，"财货"作为一种自然物，它的真实意义与人类的福利和发展具有一定的关系，有低级的用途形态和高级的价值形态。用途代表"财货"为人类服务的能力，这种能力能够对人类福利产生贡献，而价值则表现为更高级的用途，即不仅能够增进人类福利，还必须在其对人类欲望的满足是不可缺少的条件下才成立。比如水，一杯水可以用来解渴，如果在平常的生活中，这杯水就具有比较低级的用途，但是若在沙漠中，这杯水就有了价值，因为它是必需的、对人非常重要的。大自然中的空气、阳光、水对人类十分重要，没有它们人类无法生存，因此是具有价值的，但这种价值往往不受人们重视，比如一颗没有任何用途的钻石，却有着比大自然中其他物质更高的价值。庞巴维克由此引出边际效用递减理论，认为人们的需要程度与物品取得的难度是正相关的。由于人类随时随地都可以拥有大自然恩赐的阳光、空气等，因此对其需要的程度就会很低，甚至为零。

---

①　欧根·冯·庞巴维克（Eugen von Böhm-Bawerk，1851~1914）是门格尔经济理论的拥护者，出生于奥地利的莫拉维亚的布尔诺，他的父亲在1848年被封为贵族，庞巴维克自小家境优渥，又由于是家里的小儿子，因此备受宠爱。他于1875年获得维也纳大学的法学博士学位，先后去往德国的莱比锡大学和耶拿大学留学，并分别于1895年、1897~1898年、1900~1906年三次担任奥地利的财政部部长。之后，他又回到了维也纳大学任教。1914年在蒂罗尔逝世。值得一提的是，庞巴维克与维塞尔都是奥地利学派先驱门格尔的女婿。庞巴维克的主要作品有《经济财货价值理论纲要》（1886）、《财货价值的崩溃》（1896）、《资本与资本利息》（1884）。

### （二）人类福利是为需要的最大可能的满足而奋斗

庞巴维克不仅对消费资料的边际效用及价值进行论述，还通过研究"财货"生产过程中自然力与人力的关系，将物质"财货"生产与人类福利联系起来。庞巴维克认为，现代世界中生产出来的新产品只是自然界中物质和力相互作用产生的新形态，并不是创造了新的物质。他在讨论人类发展问题中人的追求目标时提出，人类追求的最终目标可以概括为"为幸福而奋斗"，更加具体一点可以表述成"为自我生存或自我发展而奋斗"，也可以说成"为需要的最大可能的满足而奋斗"。人类的需要是因为没有被满足的渴望产生的，所以需要的满足就是成功地获得。人类所有活动、运动的产生，最终的目标都是达到这种自我愉悦的状态。

由此，庞巴维克指出人类生活的整个环境都被这种"满足需要"所支配，每种需要必须有一个得到满足的适当手段，人类将"财货"联系起来，可能通过一个远因，再通过一个近因将其他适合的物质联系起来，这样之后也许会费一番周折，但是最终会得到人类所需要的"财货"，即满足人类需要的手段，这种手段就是人类环境变化的起因，更精确地说，是指物质"财货"而非人的"财货"。庞巴维克解释说，物质"财货"是人以外的自然物，是外在世界的一部分。作为一种自然物，物质"财货"就有自然物的属性，也必然符合自然物应有的自然规律。尽管物质"财货"是人创造出来的，但是物质"财货"仅仅服务于人类，无法将物质"财货"从自然的支配中解放出来。所以，物质"财货"的形成就是在一定的自然力的条件下，依相应的自然规律，多种物质重新结合而成的一种新的物质形态，新的物质形态的产生也意味着旧的物质形态的分解和消失。简单地说，物质"财货"是自然物，应当且必须服从自然规律。按照自然规律来说，新的"财货"被生产出来，那么旧的"财货"必然会消失。人类要去使用和支配"财货"才会使"财货"变得有意义，即人在"财货"面前是具有主观能动性的，而"财货"则不具备能动性。"财货"就是自然界中一种物质的形态，它是可以变化的，其本身所蕴藏的自然力能为人类提供服务。

那么，人在"财货"的形成中又扮演什么样的角色？生产的意义是什么？庞巴维克认为物质"财货"的起源完全受自然规律控制，没有物质"财货"能够独自产生，必须结合物质和力，才能根据自然规律将物质"财货"生产出来，以另一种形态存在。因此，从自然观点的角度考察，"财货"的形成完完全全是一种自然过程。但是，如果从人的角度观察，结果就存在差异，如丰饶的岛屿、生长在天然牧场上的牧草、深山里丰富的矿藏、森林里甘美的水果等，这些都是在自然规律作用下形成的恰到好处的"财货"。可是这些都是偶然的，因为在大自然中大多数东西都是粗糙的，在人无法掌握的大自然中，运动的物质和力的各种结合和作用千变万化，每一种变化又会有无数种结果，从中挑出对人类有利的"财货"是艰难的，在自然的发展中，人逐渐学会有意识地引导这种物质和力的作用，以此来形成他们自己所需要的"财货"，这就是生产的意义。但是，人只是生产已经存在的物质，并不创造前所未有的东西，人并不是自然的主人，自然力也不是人类的仆役，自然规律不以人的意志为转移，更不会听从于人类的命令、屈从于人类。庞巴维克认为人在生产过程中的作用是十分有限的，无论是自然力还是自然规律，都是人类无法支配的，人作为自然界的一部分，作用仅仅是把人力与其他自然力结合在一起，在自然规律的作用下，产生满足人们需要的物质"财货"。尽管人力参与其中，但这整个过程也完完全全是自然的过程，并未受到除人力以外的人的其他形式的干扰，在物质"财货"的形成过程中，人仅仅是提供了一个生产的条件而已。

### （三）在现在和未来之间的不同分配会影响人类的总体福利

庞巴维克非常重视人类经济和人类未来，认为它们之间有非常重要的关系，庞巴维克认为虽然人们生活在现在，自由地活动着，但是未来并不是与我们毫无关系。现在的福利不只是人们生活愿望的全部，经济活动的安排中，我们既要考虑现在的福利又要考虑人类将来的福利。在人类社会所有的经济准备中，未来占有大部分的比例，可以说几乎人类所有的经济准备都是为未来而做出的。庞巴维克认为现在就去想只有在未来能发挥效用的物品和服务是不切实际的，将来的物品和服务给人们带来的欢乐只有在将来才能够感受到，现在无法进行具体判断，因此，更无法去规范个人的行为和意志。庞巴维克认为人类应该为未来做好准备，不能等到一切到来时措手不及。虽然对人类来说，根据现在的感受去评价未来的感觉或做出经济决定是困难的，在庞巴维克看来，一个文明的社会应具有为未来做准备的能力，不能等到一切都得不到后，感到痛苦再采取行动，不能等到感到饥饿才去做饭，等到洪水到来才开始修建堤坝，不能等到火焰已经烧到身边才想起制造灭火器。我们的一切有关经济的行为，都源于我们对未来幸福的渴望。但是，未来是还没有发生的，无论这个未来是多么近，即使是对明天，我们的感觉也不会是真实的，就像富人并不知道穷人的真实感受，更不了解饥饿的感觉，因为从过去到现在他们都没有这种挨饿的体验。

庞巴维克提到"未来物品"，一切生产性的物品，没有例外，完全旨在为未来服务。大部分东西是只有一部分用途服务于现在，更多的部分是用于服务未来的，无论这个未来是远是近。例如，一所住宅我们将使用一百年，那么它给我们提供的遮蔽和舒适，只有小部分是属于现在的，更大部分的服务是在未来的。即使是那些非耐久的物品，如食品、饮料、木柴、蜡烛等，虽然它们使用时限的"未来"是如此接近现在，但仍然属于未来范畴。人们往往会低估未来的重要性，人们对未来的预判往往是不准确的，由于还未真实发生，所以无法去对未来进行准确衡量，人们倾向于低估未来物品的真实价值、低估未来的需要。

而低估未来物品的真实价值的原因主要有三个。一是人们的认知和考虑不足，并没有考虑到未来的需要。人们的想象力、抽象思维能力或者是人们怕麻烦的心理，都或多或少地影响人们对未来物品的估价。二是意志上的缺陷。人们更愿意相信现在所能感受到的，即便大概率人们可以预测到相比于现在的享乐，未来会有更大的痛苦，但是人们仍宁愿选择用现在的享乐换取未来的痛苦，也不愿意用现在的痛苦换取未来的享乐。从整体上看，选择现在享乐是非常不恰当的，但是人们还是会选择现在享乐，比如有人拿到工资第一天就会全部花掉，在之后的日子里会非常痛苦和穷困，但是由于意志薄弱，还是会因为拒绝不了诱惑而全部花光，这都来自人类意志的缺陷。三是人们会考虑到人生短暂无常，虽然未来大部分欢乐是客观存在的，并且是可以获得的，但是很多人认为，也许自己并不能活到那个时候，这就是考虑到自身未来的不确定性，对于很多身处险境的人们来说，也许一场战争、一次瘟疫就会使他们丧失生命，未来具有很大的不确定性，因此，他们不会考虑更长远的未来，由此会做出一些比较疯狂的行为。

之前提到人们对未来是低估的。因此，在现在和未来之间的分配就变得不确定，不同的人、阶级和国家对未来低估的程度也是有很大差异的，因此，不同的人对未来的安排也是千差万别的。庞巴维克认为人的财富的来源有两种，第一种就是靠自己劳动赚取的收入，另一种就是上一代遗留给他的财富，也就是"母财"。因此，他认为人们应该合理地进行消费，因为我们终将有一天也需要留下一定数额的"母财"在未来使用，我们的消费能力是基本不变的，这样才能使得我们的生活水平无论在过去、现在还是在未来都能基本维持在同一水平线上。因此，根据这样的原则，"母财"总是应该节约储存起来。但是"母财"的分配在不同的人手里会千差万别，一个人可能会使全部的"母财"保持不动，一个人可能把其中不用的部分留给孩子，一个人可能拿出部分固定的数量给子孙后代，一个人可能全部用来储蓄或者理财。尽管每个人都有自己不同的处理"母财"的准则，但是若这些准则严格不变，则有可能产生很多非经济的行为，例如可能为了坚守准则而错过了治疗疾病的最佳时期或耽误了子孙后代的教育和其他技能培训等。因此，现在和未来之间的不同分配会导致不同的结果，从而影响人类的总体福利。

## 小　结

本章主要分析了边际效用学派对有关可持续发展主题的相关内容的探讨，包括第二次工业革命、环境问题和疾病流行对这一阶段可持续发展理论形成的推动作用，还有自然和谐论对自然资源商品创造论的启示作用。

古典现实主义可持续发展理论的出现反映了 18 世纪末西方社

会存在的主要问题：整个欧洲充满了战争与贫穷。几十年后，到了19世纪上半叶，随着第一次工业革命成果的广泛应用，科技愈发成熟，社会开始有所好转，穆勒正是生活在这样的时代。他一方面了解曾经异常动乱的时代，另一方面又时刻感受着自然力的增加对社会进步的影响。因此，他综合了亚当·斯密、马尔萨斯和李嘉图的观点，首次提出一种结合自然的经济发展理论即自然和谐论。他相信自然界既给人类提供了原料，也提供了动力，只有人类与自然和谐发展，人类未来社会才会达到一种"静止状态"。该状态类似于"李嘉图停滞"，但是区别在于，"静止状态"点是随着科学的进步而不断向后移动的，即人类的进步有可能永远不会停止。穆勒的自然和谐论用一种抽象的观点解释了自然在社会发展中的作用，这为之后出现的自然资源商品创造论提供了思想源泉。

19世纪下半叶，第二次工业革命开始，人们物质生活水平进一步提高，这极大地刺激了人们对精神生活的追求。同时，此时世界各地纷争不断，这都源于人们精神世界的波动。这些因素促使边际效用学派的产生。边际效用学派的可持续发展理论可以归纳为自然资源商品创造论，它以边际效用递减为理论依据，以自然价值为研究基础，通过对人类欲望的洞察，解析人类福利的增长条件。到了19世纪末，工业革命带来的环境问题更加突出，这加快了边际效用学派对可持续发展理论的探索。

本章的研究结论是：自然资源商品创造论的研究基础是自然价值，即可以对自然事物进行价值量化，边际主义者将人类欲望作为研究对象，他们认为人类的一切经济活动都与自身的欲望有关，人类可持续发展的关键在于自身欲望的发展，因为人类从开始抱有欲望的状态到最终欲望被满足的状态是一个过程。因此，追求人类的可持续发展的过程就是追求人类福利的过程，其中最核心的问题就是人类欲望的满足。边际效用学派认为人的欲望满足来自"财货"，而"财货"的起源又完全受自然规律的控制，因为所有"财货"的生产都来自自然，尽管人力参与其中，但这整个过程完完全全是自然的过程，并未受到除人力以外的人的其他形式的干扰，在物质"财货"的形成过程中人仅仅提供了一个生产的条件而已。自然是具有价值的、可以量化的，边际效用学派将人类的欲望（需求）和自然资源联系起来，开辟了一个新的经济理论研究视角。基于主观价值论的可持续发展理论的演进如图 3-6 所示，图 3-7 为边际主义可持续发展理论的内涵。

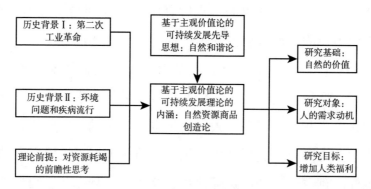

**图 3-6　基于主观价值论的可持续发展理论的演进**

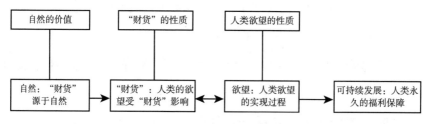

**图 3-7　边际主义可持续发展理论的内涵**

# 第四章 环境干预主义和市场环境主义的争鸣

19 世纪下半叶，资本主义制度开始从自由竞争阶段向垄断阶段过渡，政府开始成为可持续发展实践的主要参与者。第二次工业革命后，随着能源问题和环境问题的日益严峻，为了应对棘手的环境外部性问题，当时的西方经济学家开始思考为经济发展寻找最佳出路，并以更加长远的世界性眼光考察人类社会存在的发展问题，他们将所思所想付诸实践，产生了两种截然不同的派别：一种是基于自然资源和环境的干预主义学派，代表人物是庇古，庇古主张政府进行干预，利用税收解决环境外部性的问题；另一种是基于所有权的市场环境主义，代表人物是科斯，科斯主张实行严格的产权制度。目前最著名的两大研究传统仍然是庇古税方案和科斯产权方法。本章将分析国家垄断资本主义和美国保护运动对环境干预主义可持续发展和市场环境主义可持续发展这两种理论形成产生的推动作用，以及两种理论体系在环境问题上的立场和态度。

# 第一节　两大经典理论范式的产生

## 一　1890~1920年美国保护运动

19世纪中后期，第二次工业革命带来了巨大的资本增长，美国从一个老牌农业国逐渐成为工业强国，由于美国所处的优越地理位置以及极其辽阔的国土，自然资源十分丰富，煤炭、石油、天然气等都拥有大量的储备。在利益的驱使下，美国工业生产不断扩大。然而，工业化带来了巨大的能源需求，一度使美国的能源消耗量十分惊人。1775~2009年美国能源消耗量如图4-1所示。

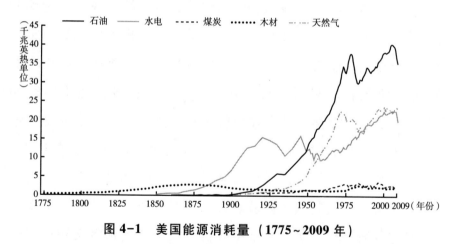

**图4-1　美国能源消耗量（1775~2009年）**

数据来源：美国能源信息署网站（https：//www.eia.gov/todayinenergy/detail.php？id=10#）。

从图4-1中可以明显地看到，1850年以前美国的能源消耗以木材为主；1850年以后石油、水电和天然气等消耗量开始升高，至 1930 年前后达到一个小峰值。笔者截取了从 1885～1920 年美国石油、水电、煤炭、木材和天然气的消耗量数据，如表 4-1 所示，1885～1920 年美国的能源消耗量成倍增长，尤其是化石能源的消耗量十分惊人，煤炭的消耗量增加了 4 倍多，天然气的消耗量增加了 7 倍，石油的消耗量增长最快。1880～1930 年美国能源消耗量如图 4-2 所示。

表 4-1　美国能源消耗量（1885～1920 年）

单位：千兆英热单位

| 年份 | 石油 | 水电 | 煤炭 | 木材 | 天然气 |
|------|------|------|------|------|--------|
| 1885 | 0 | 0 | 2.8 | 2.7 | 0.1 |
| 1890 | 0.2 | 0 | 4.1 | 2.5 | 0.3 |
| 1895 | 0.2 | 0.1 | 5 | 2.3 | 0.1 |
| 1900 | 0.2 | 0.3 | 6.8 | 2 | 0.3 |
| 1905 | 0.6 | 0.4 | 10 | 1.8 | 0.4 |
| 1910 | 1 | 0.5 | 12.7 | 1.8 | 0.5 |
| 1915 | 1.4 | 0.7 | 13.3 | 1.7 | 0.7 |
| 1920 | 2.7 | 0.7 | 15.5 | 1.6 | 0.8 |

数据来源：美国能源信息署网站（https：//www.eia.gov/todayinenergy/detail.php?id=10#）。

资源的浪费和能源消耗导致美国本土环境污染和生态破坏日益严重，美国的自然环境面临严峻的挑战，美国学者伦纳曾无奈地总结道："土壤耗竭了，破坏了，森林砍尽、烧光了，水利资源耗尽了或毁坏了，草原放牧过度了；自然资源未予保护；矿藏浪费；洪水泛滥的威胁更趋严重；美丽的天然风景，毁坏了。"在这种背景下，从 19 世纪末开始就不断有学者呼吁停止大范围的能源消耗和资源开采，以保护环境、保护生态。

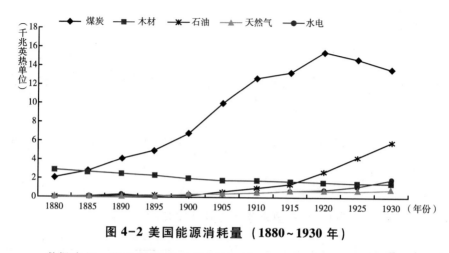

**图 4-2 美国能源消耗量（1880~1930 年）**

数据来源：美国能源信息署网站（https：//www. eia. gov/todayinenergy/ detail. php？id=10#）。

乔治·帕金斯·马什①（George Perkins Marsh）被称为现代环境保护主义之父。他认为，自然环境具有多样性、独立性和复杂性，它不能被还原为输出和输入，人类作为环境中的一部分，也不能被简化成生产者或是消费者。"人类已经太久忘记了地球只是为了使用权而给予他的，而不是为了消费，更何况是挥霍浪费。"在他的著作《人与自然：或，人类活动导致的自然地理变化》中，他相信人类比地球上其他生命形式具有更强大的力量，人类的行动在不断地改变地球的自然环境，人们通过不断地侵占土地、海洋等各种资源来达到征服自然的野心。他告诫人类，关乎自然的事情无小事，也许人们认为加之于自然的某一件事很微不足道，但是其后果是未知的，因为对任何自然现象都无法追溯其起源。

---

① 乔治·帕金斯·马什（George Perkins Marsh，1801~1882），美国外交官和语言学家，美国第一位环保主义者，他认识到人类行为对地球的不可逆的影响，是可持续发展理念的先驱，他在 1864 年出版的《人与自然》一书在世界许多地方产生了巨大影响。

　　除了马什之外，在美国的环保运动中比较具有代表性的人物还有埃利亚斯·莱曼·马贡[①]（Elias Lyman Magoon），富兰克林·本杰明·霍夫[②]（Franklin Benjamin Hough）等。埃利亚斯·莱曼·马贡主张大自然是人类的精神源泉，对于人类的良好道德和爱国精神的形成具有重要的作用。富兰克林·本杰明·霍夫则是较早关注政府部门保护环境的官员代表，是美国的第一位林业主管官员，他在任期间积极关注森林资源的保护，被誉为"美国林业之父"。在几十年间，保护运动得到了大多数人的支持，大批民间环保组织、国家公园和政府专门机构成立，无数环保人士积极投身于美国环保活动，表4-2显示了保护运动期间各种环保组织、机构和国家公园的成立时间。

表4-2　保护运动期间各种环保组织、机构和国家公园的成立时间

| 年份 | 地点 | 名称 |
| --- | --- | --- |
| 1890 | 美国 | 约塞米特国家公园 |
| 1892 | 旧金山 | 华达山俱乐部 |
| 1895 | 纽约 | 野生动物保护协会 |
| 1896 | 华盛顿 | 生物勘察处 |
| 1900 | 伯塞斯塔 | 美国林务员协会 |
| 1901 | 新罕布什尔州 | 森林协会 |
| 1905 | 纽约 | 奥杜邦协会 |
| 1907 | 匹兹堡 | 空气与废气管理协会 |
| 1915 | 哥伦布市 | 美国生态协会 |
| 1918 | 旧金山 | 保护红杉联盟 |
| 1919 | 华盛顿 | 国家公园和自然保护协会 |

---

① 埃利亚斯·莱曼·马贡（Elias Lyman Magoon，1810~1886）是一位美国牧师和宗教作家。
② 富兰克林·本杰明·霍夫（Franklin Benjamin Hough，1822~1885）是一位科学家、历史学家和美国林业部的第一任部长。他是最先呼吁关注美国森林资源枯竭现象的人之一，被称为"美国林业之父"。

美国保护运动是由中产阶级城市居民发起的，主要聚焦于美国国内的问题，该运动主张"稀缺是生活实际"。他们见证了快速工业化对自然环境和美国社会的影响，他们不喜欢这一现状。劳动组织和商业共同体成了对立集团，不仅引起了冲突，还动摇了个人主义。大规模的、丑陋的城市发展破坏了共同体氛围，削弱了宗教信仰和美国传统的价值观。该运动的导火索是一种以"稀缺"为焦点的学说。美国保护运动的另一个巨大贡献是将公共力量或政府力量，以及自由市场引入环境保护领域。美国保护主义者相信，如果没有充分的公共控制力量，自由市场不仅会强化"稀缺"这种永恒的自然特性，而且会产生主宰自然资源基础的所有权方面的大规模垄断。在这种方式下，会出现为了少数人而牺牲大多数人利益的获取不公正的利润的现象，一般来说，富人们免不了倾向于沉迷于会引起极度不满的奢靡铺张的生活。

但是令人遗憾的是，保护运动期间并未产生任何经济理论来分析自然资源的稀缺性，与经济学家们对资源的精确计算不同，保护运动只是站在稀缺的角度为节约和保护自然资源做辩护。

## 二　国家垄断资本主义的形成

资产阶级思想文化兴起后，资本主义迅速发展，实现了多个不同阶段的飞跃，共可分为五个阶段。第一阶段是 14~16 世纪，为资本主义萌芽阶段，在此阶段，西方国家封建制度逐步瓦解，向资本主义社会过渡。第二阶段是 17~18 世纪早期，为资产阶级革命阶段，法国、英国、美国等先后通过资产阶级革命建立了资本主义制度。第三阶段为自由资本主义阶段（蒸汽时代），是 18 世纪 60 年代至 19 世纪 70 年代，在此期间，工业革命使资产阶级逐渐壮大，资本主义制度趋于完善。第四阶段为垄断资本主义阶段（电气时代），是 19 世纪 70 年代至 20 世纪四五十年代，此阶段最重要的特点是资本主义生产力发展突飞猛进，资本主义世界发展不平衡，世界大战爆发。第五阶段是 19 世纪末 20 世纪初，主要资本主义国家相继进入帝国主义阶段，到了 20 世纪四五十年代，国家垄断资本主义形成。此后，受第三次工业革命影响，资本主义大国提前进入信息时代，全球化进程加快。

**（一）自由资本主义向垄断资本主义的过渡**

在第二次工业革命的推动下，社会生产力得到了显著提高，资本主义生产资料不再满足于小范围的使用，资本的竞争随之加剧，在利润最大化目标的驱使下，不同类型的垄断组织出现，新的生产方式带来了生产社会化程度的提升，但不可避免地加剧了生产社会化同资本主义私人占有之间的矛盾。为了解决这一矛盾、稳固自身垄断利润，垄断组织与国家政权的联系日益密切，一般垄断资本逐步转化为国家垄断资本，私人垄断资本主义也逐步被国家垄断资本主义所代替。

可见，国家垄断资本主义的形成离不开生产力的发展和资本家对经济利益的追求，而第二次工业革命的发展和经济危机的爆发则成为推动国家垄断资本主义形成的现实基础。以重工业为中心的第二次工业革命使生产力水平大幅提升，社会经济快速发展，为国家垄断资本主义的形成奠定了物质基础。第二次工业革命前后，诞生了无数以电力为基础的伟大发明。

这些新技术、新设备的利用和普及，使原有的重工业部门（冶金、采煤、机器制造等）加速发展起来，并推动了一系列新兴的重工业、化学工业部门（电力、电器、化学、石油、汽车和飞机制造等）的建立和兴起，促进了工业生产的迅速增长。从世界工业生产规模来看，1850~1870 年的 20 年间只增长了 1 倍，而 1870~1900 年的 30 年中增长了 2.2 倍，在 20 世纪的头 13 年中又增长 66%。从资本主义国家工业结构来看，19 世纪末，美、英、德等国成为以重工业为主导的工业国。例如，1879~1919 年，美国的工业（包含采矿业和加工工业）总产值从 56.71 亿美元急剧上升至 634.33 亿美元，具体数据如图 4-3 所示。

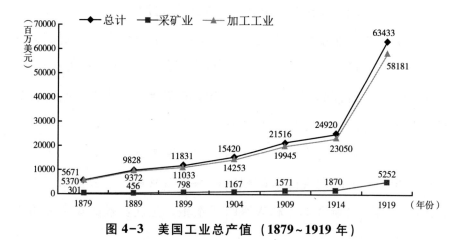

**图 4-3　美国工业总产值（1879~1919 年）**

数据来源：中国科学院经济研究所世界经济研究室. 主要资本主义国家经济统计集：1848~1960 [M]. 北京：世界知识出版社，1962：51.

### （二）国家垄断资本主义的形成

20 世纪四五十年代，社会生产力的发展要求大规模的资本以支配更多的生产资料。经济危机爆发，为了缓和社会矛盾，国家政权和私人垄断资本融合在一起，形成了国家直接参与经营企业、以多种方式参与私人垄断资本生产过程的方式，最终，国家垄断资本主义形成。

工业的迅速发展特别是重工业的迅速发展，使资本主义所固有的生产社会化和资本家私人占有之间的矛盾进一步加深，从而使生产过剩，经济危机更加频繁、深刻和持久。1873 年的世界经济危机，标志着资本主义制度开始由自由竞争阶段向垄断阶段过渡。资本主义世界在 1873 年、1882 年、1890 年、1900 年和 1907 年爆发了 5 次经济危机。经济危机暴露出资本主义制度的弊端，危机的间隔时间从以前的平均 10 年左右缩短为 7 年左右。危机的频繁化和深化，加速了中小企业的破产，加剧了企业的兼并活动，从而推动了生产和资本的集中。同时，重工业的发展使企业的规模越来越大，需要的资本越来越多，独资经营企业日益困难，从而推动了股份公司的大发展。19 世纪后半期，各资本主义国家都出现创办股份公司的高潮。英国新创办的股份公司在 1893 年为 2515 家，1897 年达 5184 家，这也加速了生产和资本的集中。到 20 世纪初，发达资本主义国家生产和资本的集中已经达到了惊人的程度。美国在 1904 年，产值在 100 万美元以上的大企业约 1900 个，占企业总数的 0.9%，而它们拥有的工人占工人总数的 25.6%，产值占国民生产总值的 38%。德国在 1907 年，占企业总数 0.9% 的大企业占有了全国 3/4 以上的蒸汽动力和电力，雇用了全国 39.4% 的工人，而在冶金和机器制造业中这两项占比竟高达 97.5% 和 84.7%。

　　国家垄断资本主义的出现对西方社会具有一定的积极意义，有利于社会生产力的发展，国家兴办了私人资本无力兴办的、适应新科技发展要求的巨大新型工业企业。国家垄断资本主义在一定范围内突破了私人垄断资本的狭隘界限，适应了社会化大生产的要求，缓解了资本主义生产的无政府状态；国家的收入再分配手段，一定程度上使劳动人民的生活水平有所改善；而与本书主题相关的，最重要的是增加了政府对自然环境的关注，国家垄断资本主义的本质

是垄断组织借助国家权力攫取超额垄断利润，而良好的自然环境是
社会生产力发展的基础，自然环境遭到严重破坏必将反作用于生产
力，阻碍生产力发展，影响超额垄断利润的获取。因此，在资本主
义国家的产业升级和优化过程中，需要政府对自然环境状况进行干
预，创造有利于资本主义生产的环境条件，这也为环境干预主义理
论的形成和发展提供了必要条件。

### 三 "外部经济"与"内部经济"

古典价值理论坚持认为，价格和价值最终是与劳动相联系的，
而边际效用学派的主观价值论则认为价格是由效用或需求的满足来
决定的。阿弗里德·马歇尔①通过指出价值既是由供给决定的又是
由需求决定的，调和了古典价值理论和主观价值论的观点，因此，
人们称其方法为"马歇尔综合"。在对马歇尔的相关理论进行整
理时发现，马歇尔并未直接提出关于可持续发展的相关理论，但
是他在多个方面都透露出对人类可持续发展的关心，以下将从马
歇尔对土地资源、矿藏资源、人口问题的论述中分析马歇尔的主
要观点。马歇尔对后来环境干预主义和市场环境主义的产生具有
重要作用。

#### （一）论土地资源

马歇尔在讨论土地的肥力时，认为土地既包含其字面上的基本
含义，又包含如海洋、河流、日光、雨水、风力和瀑布等更广泛意
义上的自然环境。人类对土地的作用具有二重性，人类既可以改变

---

① 阿弗里德·马歇尔（Alfred Marshall, 1842~1924）出生于伦敦一个工人家庭，1861 年，青
年马歇尔进入剑桥大学学习。1865 年，马歇尔在毕业后留校成为圣约翰学院的一名助教，
1868 年成为道德哲学讲师。在剑桥任教 9 年后去往伦敦大学，1885 年又回到剑桥大学，
直至 1905 年退休，1924 年逝世。马歇尔被称为"现代微观经济学之父"。

又不能改变其特性。马歇尔在形容土地的"机械的形成"（松软度）时说土壤必须松软，这样植物的根系在土壤中生长时，才能自由伸展，新鲜的空气和水才能沿着土壤的空隙到达植物的根，从而滋养植物。同时，土壤又不能过于松软，像砂石一样拥有巨大的缝隙会留不住水分和养料，久而久之，土壤会变得干燥，不利于植物的生存。马歇尔认为，土地这种机械的形成，是大自然对土地的耕作。即使没有人类的帮助，也可能形成较肥沃的土壤。但人类为了使土壤的肥力达到最大化，使用石灰、人造肥料甚至细菌等改变土壤结构，人类依靠这些办法，将土壤的肥力置于控制之下，并以此来控制作物的产量。可是到了将来，作用于土地上的一切可能导致土壤继续肥沃，也有可能导致土壤贫瘠。因此，人类对土地的改变，其结果不可预知。

但是，有一些条件是人类无法改变的，也就是土地所处的环境。在马歇尔看来，地里的东西人类无法改变，但是地上的东西完全可以。虽然人类对光照、空气、温度和湿度这些自然赋予的条件无法直接准确地控制，但是人类可以通过修建沟渠进行直接灌溉和排水，可以植树造林或砍伐森林对气候进行略微的改变。马歇尔提出警告：从资本的角度，在任何情况下，因资本和劳动的增加而增加的报酬迟早是要递减的。以人类大量种植采摘的水果和鲜花为例，他认为如果没有人类的精心照料，这些水果和鲜花在大自然中并不能生存，大自然会选择适合生存的品种。因此，尽管人类竭力地选择适合人类社会的农作物品种，终有一天当作用于其上的资本和劳动增加而报酬并不增加时，生产就达到了最大限度。而在达到了这个限度时，人类的所有努力都不会再产生正向作用，一切都将委于自然。

## （二）论矿藏资源

在讨论矿藏资源时，马歇尔含蓄地指出，对于土地所提供的农作物和江河湖海中的鱼类，它们是源源不断的，只要保护得当是完全可以再生的，而矿藏则如同一个蓄水池，越到后面进行提取所花费的劳动和资本就会越多，矿藏一旦开采完就不会再有了。马歇尔强调了矿山与土地的本质区别，土地的生产物是除了土地之外的产物，若合理耕作、条件足够，土地将永远具有生产的能力，矿山则完全不同，矿石是矿山的一部分，终有一天矿石会被开采殆尽。同时，矿山的开采依照报酬递减规律，随着开采的不断深入，毋庸置疑的是矿石的开采难度会增加，人类只有依靠对矿山的了解、知识的增加还有开采技术的改良，才能降低这种困难程度。而矿藏的这种特性也直接地反映到了租金上，矿山的租金与田地的地租是完全不一样的，田地的地租基本都是按年收费，而矿山的租金则是直接按照所得物的相应比例进行征收。对于农业经营者来说地租每年是大致相同的，而矿山的租金要根据被开采出的矿石价格进行精确计算。由此马歇尔引申出，可以将矿藏看作现在和未来的财富源泉，现在开采得多，未来可用的就会相对减少。那么矿藏的开采就直接关乎人类未来的财富问题，马歇尔对矿藏的分析相对静态，但仍对自然资源提取部门有着广泛的意义。

## （三）论人口问题

在讨论人口问题时马歇尔认为，尽管亚当·斯密对人口问题讨论较少，但总体上他认同斯密的观点，因为纵观斯密所处的时代，英国工人阶级所生活的社会是非常繁荣的。因此，生活必需品并不是一个固定的数量，是会随时发生变化的，因此也就具有不确定性，不会出现大量短缺的情况。之后，到了马尔萨斯生活的时代由于连年的战争和庄稼的歉收等因素，英国工人阶级的生活开始变得悲惨。

马歇尔总结了马尔萨斯关于人口的三个推论：关于劳动的供给问题的推论；关于劳动的需要问题的推论；过去发生的事情，将来也可能发生，人口的增长会受到贫困或其他困苦的遏制，除非用自愿的节制来阻止它。马歇尔赞同马尔萨斯的论点，认为其实质是有效的。但是，随着社会的发展、科学技术的进步，英国可以用较少的费用获取大量世界上最肥沃土地的生产物。因此，关于马尔萨斯第二个和第三个论点，他认为有些过时了。马歇尔总结人口增长的因素，首先是自然增长，即出生人数超过死亡人数，其次则是移民。而人口出生数量又取决于结婚的习惯，其中结婚的年龄对人口出生率至关重要。马歇尔认为结婚的年龄首先与气候有关，温暖的地方结婚早，生育早，而寒冷的地方则相对晚。结婚年龄还与结婚人的身份或者说学识有一定的关系，中产阶级结婚晚，技术工人次之，而不熟练的劳动者结婚最早。越是觉得自己获得最大报酬时间越早的人结婚就会越早，越是有发展潜力的工作者结婚就会越晚，这是与他们所能赚取的最大报酬的年龄正相关的。关于移民，马歇尔是这样解释的（美国的人口在近百年中增加了十六倍，也听说生活在美国城市的人口并不愿意生养很多的孩子），这是因为美国拥有广袤的土地，交通运输也十分发达，农业生产的条件十分有利，因此，农业生产所得物为农民带来了大量的利润，所以在美国，农民都非常乐意生活在大家庭之中，孩子多对他们来说并不是负担，健康的户外生活促进了人口的增长。因此，移民带来了人口的增加。

　　显然，马歇尔并不是只关注人口的增减问题，马歇尔同时也关注到了人口的健康问题。人口的健康与否直接关系到工业的效率。在马歇尔看来，人的健康是需要身体和心理的双重条件的。身体强健则会给人们带来工作的力量，同时心理上人们也需要依靠意志力去坚持工作，这种坚持虽然更多地被看作道德层面的，但马歇尔认为也同样是由于人身体强健的原因，他将这种坚持称为人的活力，认为这种活力是一切进步的源泉，这种活力又决定着人生命的长短。因此，它不仅对于个人重要，更关乎整个社会和人类的长期发展。影响人的活力的因素有气候、生活必需品、希望、自由、变化、职业、城市生活等。马歇尔在这些因素中也关注到了广大劳动阶级的身体健康问题，在谈到生活必需品时他指出，人口的增长依赖于生活必需品，休息、食物、衣物等，但是工作过度劳累会影响人类的活力，太过忧虑、负面情绪过多也会损害体力和生殖力以及人口的活力，对人口增长有负向的作用。马歇尔认为一些工人正在从事着一些非常繁重的紧张工作，但他们的食物非常廉价而没有营养，由于生活必需品的缺乏、衣着简单且长期工作，他们的皮肤就会受到污秽东西侵害，出现问题。他们住在通风不良、温度不适的屋子里，夏天闷热、冬天湿冷，极易生病，极大地削弱了生命力。不仅如此，居住环境的过度拥挤也更容易导致他们道德败坏，从而减少人口、降低生活品质。马歇尔说，随着人口增长，贫困会随之而来，因为人们对物质资源的需求超过了土地生产的限度，而工具的不完善导致在农场耕作方面的报酬递减规律起作用，人口增长还伴随着人类性格弱点的显现，人们生活在拥挤的城市中，生活状态极差，人们的精神和健康必然会受到一定程度的损伤。

马歇尔担忧一旦这样的情景长久大量地发生，将会是无法控制的，当身体上或者精神上不健康的人持续增加，人类就会出现退化，人类社会也将无法持续。马歇尔实际在乎的是人口对国家工业发展的影响，马歇尔并未真正地给出实现人口正向发展的根本方法，他只是认为，只要人类掌握的知识在不断增加、医学水平发达、政府加强保健工作，就会快速抵消掉人口发展中存在的一系列问题。

### （四）"外部经济"和"内部经济"的提出

马歇尔提出的"外部经济"和"内部经济"为后来的环境干预主义和市场环境主义提供了理论前提。他说："我们可把因任何一种货物的生产规模扩大而发生的经济分为两类：第一是有赖于这工业的一般发达的经济；第二是有赖于从事这工业的个别企业的资源、组织和经营效率的经济。我们可称前者为外部经济，后者为内部经济。"马歇尔将生产要素分为土地、劳动、资本以及工业组织。但是他又说实质上只有两种要素——土地和劳动，这两种要素分别代表着自然与人类，而资本和工业组织都是由人类与自然之间的活动产生的。他强调人的作用，认为人类是由其生活环境形成的，而自然对这个环境产生了很大的作用。因此，人类其实是生产问题的核心，是消费问题的核心，也是分配与交换的中心。马歇尔提出的人与生产要素的关系如图 4-4 所示。

在对第四种生产要素——工业组织的研究上，马歇尔首次尝试引入"外部经济"的概念对涉及的环境、人口等问题做进一步分析。马歇尔认为外部经济往往能由集中在特定地方（即工业地区）的许多性质相似的小型企业获得。关于工业组织，马歇尔认为有效

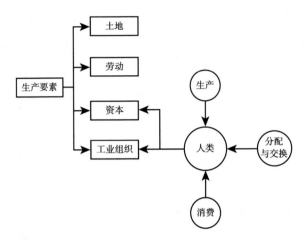

**图4-4 马歇尔提出的人与生产要素的关系**

的工业组织需包含以下内容：分工、机械的影响、专门工业集中于特定的地方、大规模生产和企业管理。

马歇尔试图用"内部经济"与"外部经济"来论证工业组织的变化如何多方面地导致产量的增加。我们知道，如果就单个企业而言，这个过程应该是：首先，需要有一个能干的人，他的工作、生活、知识一切都必须是积极的、正向的，其次，他的下属也一样有相应的能力，充满热情，并且他们之间要彼此信任，这样才能进行正确的分工；最后，生产所需的机器和设备也在进一步改良。于是，企业产生了效益，赚取了更多的利润，同时也获得了更多的资本，企业的成功也带来了信用，顾客随之增加，销路畅通；随后，企业的营业规模扩大，产品价格低廉，在竞争中更为有利；最后，只要企业和个人保持良好的自我管理，则未来企业便不会有什么特别大的损失。大企业也是一样的，大企业的倒闭都不是骤然发生的，往往是企业的经营管理出现了重大问题，因为大企业最后的经营权通常会落到精力和创造才能都相对较差的人的手中。

尽管马歇尔提到了内部经济和外部经济，但他并没有提到内部不经济和外部不经济的概念。这里提到的外部性通常指经济外部性，它是经济主体（包括厂商或个人）的经济活动对他人和社会造成的非市场化的影响，即社会成员（包括组织和个人）从事经济活动时其成本与后果不完全由该行为人承担。经济外部性又被分为正外部性和负外部性。正外部性是某个经济行为个体的活动使他人或社会受益，而受益者无须花费代价；负外部性是某个经济行为个体的活动使他人或社会受损，而造成负外部性的人却没有为此承担成本。环境保护问题的实质就是负外部性，这也正是接下来环境干预主义可持续发展理论和市场环境主义可持续发展理论所要解决的问题。

## 第二节　环境干预主义可持续发展理论

### 一　庇古税方案的提出

阿瑟·C. 庇古①在分析人类社会福利进步的过程中，对人口问题表现出了极大的关注，因此，在此先阐明庇古关于人口问题的分析。他认为人口增长问题分以下不同情况，首先，忽视欲望和爱好

---

① 阿瑟·C. 庇古（Arthur Cecil Pigou, 1877~1959），英国经济学家，剑桥学派的代表人物之一，被奉为"福利经济学之父"，"公共财产"概念的提出者。庇古出生于英国一个军人家庭，家庭条件优越，他的父亲是一名军官，母亲是第三代准男爵的女儿。1896 年，庇古到剑桥大学国王学院学习历史学，在学习期间，庇古的兴趣逐渐向经济学并师从著名经济学家马歇尔。1901年起在剑桥大学教授经济学，之后投身于对经济学基本原理的深入研究中，1908 年成为剑桥大学马歇尔政治经济学教授，1943 年退休，1959 年逝世。庇古提出的外部性原理在福利经济学与环境经济学中占有不可动摇的地位，代表作有《工业和平原理和方法》（1905）、《财富与福利》（1912）、《福利经济学》（1920）、《社会主义与资本主义比较》（1937）等。

的影响，庇古认为假设收入不变，人口持续增加将压低工人的收入，最后低至仅仅能够维持生存的程度，这是很难出现的情况。现实中，国民收入的增加对人口数量的影响具有不确定性，人口数量可能会增加也可能维持相对不变。因为如果物质财富得以增长，其用途一般有两种，一种是鼓励生育，增加人口数量；另一种就是保持人口数量基本不变，提高人们的生活水平。如果将欲望和爱好的影响考虑进来，则会出现不一样的情况。随着物质生活繁荣度的提高，人们发现，长期来看，越是精神层次和文化水平高的阶级，生育率越低，他们更加注重自己子女的前程，更加会考虑除了婚姻以外的享乐。因为拥有大量财富的人们会考虑到子女以后的生存生活问题，如果孩子过多，那么在他们死后，他们的财产会被分成很多个部分，而每一个子女分到的数额将会少得多，所以一个家庭越小，财产就越集中。由此，庇古认为相对富裕的家庭生育率较低，一旦一个社会的人口数量增加，其中贡献最大的就是穷人，穷人的生活并不会因为人口的增加而变得糟糕。但是，这仅仅是就一个孤岛型社会进行的讨论，若一个国家出现移民，这种人口增加是外在的，而移民一般是生活境况较差的穷人，一旦这些外来移民被允许参与社会财富分配，显而易见的是，当地穷人的生活质量将因为这种人口数量增加而降低。不过庇古也说，一个国家出现这种情况，必然会伴随着另一个国家的情况变好，总之，在更广阔的地球上，经济情况的改善终将带来有利的影响。庇古想表达的一个观点是财富的分配极不平均，因此可以大幅削减高收入群体的收入而且这对经济福利不造成什么损害。

庇古在谈到欲望和满足时提出，人类更喜爱特定数量的现在的快乐和满足，即便未来同等数量的快乐和满足必然发生。他提出人们对现在、不久的将来和遥远的未来之间进行的资源分配是不一样的，这完全建立在个人的偏好上。即便未来的满足更大，一个人也可能不会选择这样做。这些都是人类观察未来的能力发生扭曲所造成的，即人类的前瞻性是具有缺陷的。又由于人类的寿命是有限的，如果选择了遥远的将来的快乐和满足，经过长期的努力，最终的满足将会被其他人获得，这些人可能是他的子孙后代，也可能是与他丝毫没有关系的人。由此，未来的满足很可能不是我们自己的满足。而以上这些欲望与满足之间的差异，最终会使人们目光短浅，为了眼前的蝇头小利而牺牲未来较大的利益。他说，人类有时为了得到自己想要的资源而不择手段，最终失去的比得到的反而要多，比如对煤炭急功近利的开采、对产卵期的鱼进行灭绝式的捕捞、对土地过度耕种等。

在涉及资源的跨代配置的行为方面，他指出，如果一代人因为某些资源对他们来说很重要而使用它们，虽然这种资源现在看起来并不紧缺、并没有对其造成浪费，但是如果这些资源对于后代来说比对我们更为重要，那就很可能会导致资源的稀缺（对子孙后代而言），从另一个角度来说这也是一种浪费。庇古认为这种人们倾向于使更多的资源服务于现在的情况是自然的，解决这种趋势的办法之一就是政府干预，也就是庇古税方案。他建议对一些支出进行征税，建立起一套切实可行的完善的税收制度，对未来进行利益补偿。因此，对于支出进行征税，对于储蓄这种为未来考虑的行为就应该进行差别征税，对财产税和遗产税要区别对待。因此，庇古在税收方面提出了自己的建议：首先，应该平衡税收机制，在免除一些税收的同时，还要加征一些间接税；其次，在税收方面要考虑不同层次群体之间的公平性问题。

## 二 公共目标理论及其对环境问题的解读

### （一）公共目标理论的内涵

约翰·肯尼斯·加尔布雷斯[①]认为，在现代资本主义社会中，企业掌握着市场，它们的目标是实现经济的增长。在自由市场经济中，私人和社会之间会产生问题，私人产品和公共产品的供应是极度不平衡的。基本的公共服务较私人的财富来说是极度缺乏的，比如学校里的设施不良，街道上垃圾到处都是，空气污染十分严重，公共交通严重堵塞，城市里很多地方肮脏且拥挤，连乡村也不是安静和祥和的，到处耸立着商业广告牌。因此，加尔布雷斯认为，尽管社会在进步、科技在发展，但私人财富的大量增加也衬托出社会的贫困。

加尔布雷斯认为经济体系的公共目标是提供人们所需要的产品和服务，而最好的经济体系必然能够最大程度地满足人们的多种要求，经济学的基本功能是解释经济体系为个人服务的过程。加尔布雷斯在谈到经济与环境问题时，提出发展是人类共同的目标，也是社会前进的巨大动力，发展的重要性毋庸置疑，但是在发展的过程中，产生了很多环境问题。在经济的发展过程中，商品的生产和消

---

① 约翰·肯尼斯·加尔布雷斯（John Kenneth Galbraith，1908~2006）出生于加拿大安大略省，是苏格兰裔，也是一名英国公民，他的父亲是一个农民和教师，母亲则是一名家庭主妇和社会活动家。1931 年，加尔布雷斯毕业于安大略省农学院（Ontario Agricultural College），获得农学学士学位。之后他前往加利福尼亚，在加州大学伯克利分校相继获得农业经济学硕士和博士学位。1934 年毕业，前往哈佛大学任教，1939~1940 年在普林斯顿大学任教。1937 年成为美国公民，他曾前往英国剑桥大学，在剑桥大学被凯恩斯的学术观点所影响。1943~1948 年担任《财富》杂志的编辑，1949 年成为哈佛大学经济学教授。1972 年他开始担任美国经济学会会长，之后一直从事经济相关工作，1997 年他被授予加拿大勋章，2000 年又被授予美国总统自由勋章。加尔布雷斯不仅是经济学家，还是社会活动家，其代表作有《经济学与公共目标》（1973）、《不确定的年代》（1977）等。

费都会对环境产生破坏性的影响，例如，发电厂会对空气产生影响，汽车尾气会对生物的肺部产生影响，空气污染对人身体的损害是实际存在的，因此，市场机制对于污染是负有责任的。

**（二）公共目标理论对环境问题的解读**

要解决环境污染问题，目前有以下几种办法。第一，在市场机制下，企业动用人力、物力、财力来处理。第二，根据新古典经济学理论，将外部的不经济内部化，要求生产者或消费者承担这种治污成本，或运用税收手段来支付清理的工作所需的费用，从而补偿对环境造成的损害。消费者的合作意愿在其中扮演着重要的角色，人需要自我约束，但这种约束自身的美德并不是人人都有的，因而这种方法的效果微乎其微。第三种办法源于一种认知，即过度发展是问题产生的原因，因此要对发展进行一定的限制。第四，经济可以发展，但是要有一定的界限和范围，需要立法进行明确，这种办法的核心角色是政府，而不是市场，政府是公共利益的仲裁员和保护人。尽管这种方法行之有效，但他认为在权力大的行业中，企业总会找到各种方法将那些具有制裁作用的规章制度的效力最小化，或者拖延这些规章制度的实施，最后使之归于无效、形同虚设，同时他们会指责这些制度，认为其不够灵活，限制了工商业的发展。

加尔布雷斯在谈到如何保护环境时，认为环境保护需要明确严格的法律法规，一旦制定了限制性的措施，公司也就不会轻易做出损害公共利益的事情，只要在这个框架内，公司所做出的任何决定就会拥有最大的自主权。如果是生产造成了对环境的负面影响，首先要制定全面的规划来控制企业对环境的污染，但在遵守规定的基础上，要允许企业有最大的决策自由；而控制消费方面的影响同样也可以靠制定具有约束性的规章制度，不过与生产方面不同的是，生产商可以在一定范围内自主决定如何实现目标，但控制消费产生的影响往往需要通过对产品的使用地点或使用环境做出规定，比如公共场所禁止吸烟、特定区域禁止汽车鸣笛等。在制定这些规章制度时需要注意以下几点：第一，需平衡各主体利益，调和私有性质与公有性质之间的矛盾，使私人目标与公共目标达成一致；第二，只要是实际需要使然，经济理论又符合实际需要，那么它的正确性就会在实践中得到验证；第三，环境保护不应该把发展排除在外，发展与环境保护相互影响，这是值得推崇的环境保护策略；第四，环境保护不应该是极端的，环境保护也是有成本的，环境保护的收益超过成本时，环境保护才是行之有效的。环境保护依靠政府，这是公众皆知的，但是政府有的时候对于有些问题的反应并不迅速。政府的地位如此之高并不是因为它之前起到了多大的作用或者说在完成任务方面表现得多么出色，而是因为完成这些任务并不十分困难。由于其本身具有公共性和综合性特点，有些任务时间跨度长、投资回报率不高，在相当长的时期内对现实世界的影响微乎其微，使人不易察觉。只有当私营企业的目标和公共目标出现严重对立时，立法机关才会密切关注。因此，及时的情报信息是立法机构所必需的，同时还需要一个高效率的环境规划智囊团。

加尔布雷斯提出，人口的增长并不会破坏人类的公共目标。加尔布雷斯认为，以节育的方式来减少人口的增加并不明智，他指出，在"丰裕世界"，人们过着有保障的生活，因此，家庭愿意采取避孕措施，而且除了性生活外，还有很多娱乐活动，比如看电视、打球、打游戏等。同时，他认为计划生育并不是短时间就会见效的减少人口的方法，往往需要几十年才会看到效果，而大多数发展中国家都忙于处理眼前的种种问题。因此，计划生育对政府来说是费时费力且在短时间内没有多大成效的事情。

在加尔布雷斯的理论框架中，私人企业想实现增长，其目标必须与公共目标保持一致。加尔布雷斯的很多观点与庇古是一致的，加尔布雷斯也主张用立法手段来保护环境，但是加尔布雷斯并不主张征税，他认为税收是无效的。

### 三　凯恩斯的未来观

#### （一）论人类发展的前景

凯恩斯[①]对人类未来发展问题的考虑主要是在《劝说集》中呈现的，凯恩斯认为在一个人口迅速增长的群体中，其平均年龄要比人口规模稳定的群体的平均年龄低得多。现在比过去 50 年的情况严重，在未来的 50 年中，这样的情况将更加严重。因为随着社会的发展，人们的健康和精力方方面面都要比在同等年纪的先辈们的状态好很多，这就意味着，在社会中占有重要地位的人的年龄会越来越大。凯恩斯对未来人口的发展给出了三个判断：一是在未来两代人的时间内，人口规模将持续增长，并最终达到平衡状态；二是人口结构也将发生变化，在总的人口中，老年人的数量将增加一倍，中年人的数量将是当时的 1.5 倍；三是世界上真正的掌权人的年龄也会随之增加。根据过往的经验，与 16 世纪相比，19 世纪的社会实际掌权人的年龄要大上 15 岁左右。因此，未来这个年龄也

---

① 约翰·梅纳德·凯恩斯（John Maynard Keynes，1883~1946）是英国最有影响的经济学家之一，与亚当·斯密、马克思并称为经济学史上三位泰斗。凯恩斯出生于英国剑桥的一个大学教授家庭，父亲自 19 世纪 70 年代起开始担任剑桥大学彭布罗克学院的研究员，母亲则是一位成功的作家。凯恩斯的代表作有《货币论》（1930）、《劝说集》（1931）、《就业、利息和货币通论》（1936）等。

将增加 15 岁左右，"除非我们能在明显的体力和脑力衰退理由之外，找到使高级职位空缺的其他有效方式"。

1929~1933 年，一场发源于美国、随后波及西方国家的资本主义经济危机爆发，在"大萧条"时代，股票市场崩溃，银行大量倒闭，工厂关门，失业率直线上升，人们看不到未来。很多人认为，19 世纪那个经济突飞猛进飞速发展的时代已经结束，人们的生活水平也无法再提高，未来的经济必然会衰退等（当时的现实情况确实是这样的）。凯恩斯认为尽管他所生活的时代发生了天翻地覆的改变，但这种发展并不一定会向更坏的方向进行下去。他提倡人们要在丰富的物质世界中去追求更丰富的精神果实，对未来要持有积极的态度。凯恩斯注意到很多人对未来的发展都持有悲观的论调，但凯恩斯不这样认为，他认为上述说法完全是出于对现状的误解。人类社会当时的情况，并不是社会发展的极限，而是发展过快而导致的"阵痛"，是两个经济阶段之间重新调整的过程所引起的。因为人类生活水平提高过快，科学技术进步的速度也超过了劳动力被吸收的速度。如果人们认为在这个阶段必须将所有人的工资降低，用来偿还国家的债务并限制发展，将财富以金银的形式贮藏起来，那将是一种倒退。

凯恩斯认为人们面对全球性的经济大萧条已然失去了以往的判断力。在他看来，从史前时期到近代，由于缺乏重大的技术革新，社会发展非常缓慢，从 16 世纪开始，资本开始积累，1580 年弗朗西斯·德雷克① （Francis Drake） 在西班牙盗取了大批财宝，并从印度掠夺了惊人的战利品回到英国。经过不断的投资，当年的 1 镑

---

① 弗朗西斯·德雷克 （Francis Drake, 1540~1596），英国著名的私掠船船长、航海家。

已经变成了 10 万镑，不禁让人感叹复利的力量是如此之大。到 19 世纪初，随着新的科学技术的发明，尽管世界人口有了巨大增长，但是欧洲和美国的平均生活水平还是提高了 4 倍，如果按资本以每年 2% 的增长速度计算，那么世界固定资产将在 20 年里增加 5%，在 100 年时间里增加 7.5 倍。同时，工业、运输、粮食生产、矿业等也会在不断发展中进步。那么，这样看来，经济的失调也只是暂时的，从长远看来，一切问题终将解决。他乐观地认为，即便是以当时的知识水平来看，人们也可乐观地等待那一天的到来。

**（二）凯恩斯的未来世界**

凯恩斯设想，一旦人们从经济束缚中解放出来，科学和复利的力量将给人类以大量的闲暇时间。他认为这种物质生活上的巨变将在不远的未来实现而且已经拉开了序幕。凯恩斯对未来的幻想是积极美好的，他认为通向未来经济的极乐境地的速度取决于四个主要因素：一是对人心的控制力量；二是避免战争，友好地解决人类内部的矛盾；三是用科学的方法处理科学问题；四是资本的积累速度。这四个条件若前三个能完美达成，那么第四个条件将会自然而然地达成。

凯恩斯所描绘的未来世界是这样的。首先，在未来的世界中，人们还是会工作的，闲下来并不会使人们心情舒畅。但是，人们仅仅是为了心情更加愉悦而工作，完全是为了自己工作，人们很乐意为自己去处理一些简单的工作。若发现工作量超出了自我承担的范围或达到了某一限度时，工作变得不开心，凯恩斯提出人们可以将工作进行时间上的分配，休息过后再继续工作，以此来缓解其带来的疲乏和不适。凯恩斯认为每天工作 3 个小时或者每周工作 15 个小时是比较恰当的，这样既能满足人们想工作的需求，又不会使人太过劳累。其次，在未来的世界中，财富积累已经不再重要，因此道德的准则也将发生变化。凯恩斯认为到时人们可以真正地去按照真实的价值去对一样东西进行评价，而不是虚伪地接受道德准则的约束。人们对金钱的占有欲将被归为一种疾病，那时人们已经不需要金钱来作为物质享受或应付现实的手段了。因此，若仍然对金钱有强烈的占有欲，凯恩斯提出希望将其交给精神病专家处理。一些经济惯例和社会习俗，在未来也将被抛弃。

凯恩斯的未来世界，其富裕程度已经达到了人们不在乎金钱和财富，甚至到了对金钱的占有欲是一种病态的性格倾向的程度。这样的世界和马尔萨斯想象的未来形成了鲜明的对比。目前，2030年距离我们只有不到十年，至今没有任何迹象表明人类已经富裕到这种地步。显然，凯恩斯的设想也将仅仅停留在想象的层面。凯恩斯的环境干预主义主要体现在：如果能够建立起适当的经济结构，使得国家可以干预经济，尤其是当市场失灵时国家可以进行干预，那么西方世界就能够拥有资源和能力来自行解决紧迫的经济问题。因此，遥远未来的事情显然不属于凯恩斯研究的范畴，在凯恩斯的理论架构中，短期问题是重点。

## 第三节　科斯产权方法

### 一　科斯定理

科斯①在 1937 年发表的《企业的性质》一文中，讨论了人们

---

① 罗纳德·哈利·科斯（Ronald Harry Coase，1910~2013）是美国著名的经济学家、芝加哥经济学派的代表人物，也是法经济学的创始人之一。他在 1991 年获得诺贝尔经济学奖，代表作有《企业的性质》（1937，论文）、《社会成本问题》（1960，论文）等。

成立企业的原因和决定企业规模的一些因素，提出了交易成本的概念。针对外部性问题，1960 年科斯发表了《社会成本问题》，进一步用财产权的观点来讨论政府介入的必要性，完整定义了财产权，用以解决外部性问题；同时揭示了产权的不同安排对资源配置的重要作用，由此引出了著名的科斯定理。

科斯第一定理：如果交易费用为零，那么无论产权如何安排，市场机制都会自动到达帕累托最优。帕累托最优状态是不可能再有更多的改进余地，在不损害任何人的情况下使至少一个人的情况变得更好。

科斯第二定理：交易是有成本的，在不同的产权制度下，交易成本是不同的，因此，资源的配置效率就可能不同。

科斯第三定理：在交易成本大于零的情况下，由政府选择某个最优的初始产权安排，就可能使福利在原有的基础上得以改善；并且这种改善可能优于其他初始权利安排下通过交易所实现的福利改善。

科斯认为，在适当的条件下，产权纠纷的各方将能够协商经济上的最优解决方案，而不管产权的初始分配如何。科斯定理提供了一种潜在有用的方法来最好地解决竞争企业之间的冲突或明确有限资源的其他经济用途。为了使科斯定理充分适用，必须具备有效、竞争的市场以及零交易成本的条件。在现实世界中，完美的经济条件很少存在，这使得科斯定理更适合解释为什么存在低效率而不是充当解决争端的方式。科斯定理适用于产权冲突的情况，科斯定理指出，在理想的经济条件下，如果存在产权冲突，相关各方可以谈判或协商条款，以准确反映争议产权的全部成本和潜在价值，从而产生最有效的结果。

## 二 科斯产权方法对环境问题的解读

市场环境主义的可持续发展理论的核心是产权配置问题。科斯在《社会成本问题》中谈到环境相关问题的解决办法时，并不赞成庇古的观点，他以一个经典案件为例，提出如果一个工厂的烟尘太大，从而给工厂周围的财产所有者带来了各种有害的影响，经济学分析通常的做法是首先从工厂的私人产品与社会产品之间的矛盾方面展开讨论。按传统的福利经济学观点，其解决办法无非就是工厂主对工厂产生烟尘所造成的影响和损害进行赔偿，或者根据工厂排出烟尘的量来进行征税，再就是责令该厂直接迁出该居民区。但是，科斯并不认为这些方法最终会是人们满意的解决方案。

科斯认为企业可以解决这一问题，但是显然它的行政成本可能会非常高，因此对于企业而言，在内部去解决这个问题是不可能的，而一种替代的办法就是政府进行直接管制，显然政府可以强制性地规定企业或者个人应该做什么或者不应该做什么。科斯认为解决负外部性最重要的是要选择合适的社会安排，这需要市场、企业和政府三方面的通力合作，政府在其中扮演着重要的角色。科斯认为尽管政府在极力通过制定法律来扩大有害活动的认定范围，以保护公共的健康和保持环境清洁。但是，许多立法也保护工商业企业不受那些因受损害而提出各种要求的人的影响，因此，还存在着许多合法的有害活动。科斯认为下水道排出的臭气、铁路的轰鸣声和剧烈的震动、嵌入地下的电极、沥青散发的有害气体等都会对公众造成诸多不便，但这些都不违法。尤其是航空运输业，由于政府的特许，飞机造成的震动、烟雾、灰烬等都对机场周围的居民造成了伤害和不便，但它有特许权。因此，科斯并不认为简单地限制责任者是行之有效的方法，要比较防止有害活动的收益与停止生产的损失的大小，法院在其中进行的是经济判断。科斯认为未能阻止有害活动的另一个重要原因是关于生产要素的错误概念。他将生产要素比作权利，做产生有害效果的事的权利（如排放烟尘、噪声、气味等）也是一种生产要素，一切的经济活动，比如建造房屋，正是破坏了他人正常穿越此地、停车、观赏风景、享受安逸、呼吸新鲜空气等的权利。人们都在追求得到大于失去，但是在做出某些决策的时候，看似问题得到了解决，其实同时导致了其他人行使权利状况的恶化。因此，在对社会格局进行调整的时候，人们应该考虑的是整体的效果。

科斯相信市场价格机制能够影响权利安排，科斯定理应用于环境问题的核心在于：在交易成本不为零的真实世界中，通过明晰产权的方式可以创造出一个有利于交易顺利达成的市场环境，并通过价格机制实现环境外部效应的内部化，进而缓解环境污染带来的负面影响。在这一过程中，政府需要做的是界定产权，科斯虽然强调了市场机制的重要作用，但并未完全否认传统的福利经济学关于政府作用的观点，而是进一步拓展了企业和政府的职能和作用方式。因此，科斯表明立场：政府面对环境外部性时，有能力将其内部化。根据他的研究，如果严格实行产权制度，那么就没有必要对环境污染等问题进行干预，各方都根据自己的产权解决即可。在一个有明确产权的市场里，无论是污染方还是被污染方，他们都会根据自己拥有的产权进行赔偿或者得到补偿，因此，产权的配置可以解决基本的问题。

# 小 结

本章主要分析了环境干预主义可持续发展理论和市场环境主义可持续发展理论的争鸣，包括 1890~1920 年美国保护运动和国家垄断资本主义的形成对这一阶段可持续发展理论形成的推动作用。两大经典范式争鸣阶段可持续发展思想演进如图 4-5 所示。

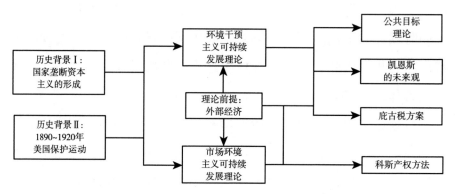

**图 4-5 两大经典范式争鸣阶段可持续发展思想演进**

19 世纪末，垄断资本主义开始形成，这增加了政府对自然环境的关注。良好的自然环境是社会生产力发展的基础，但是，随着两次工业革命的进行和发展，工业生产对自然环境造成了严重的破坏，导致严重的环境污染和自然资源稀缺。美国作为在此期间经济增长最快的西方国家，环境问题尤为严重，于是 19 世纪末在美国中产阶级城市居民中爆发了一系列的环境保护运动，被称为"1890~1920 年美国保护运动"。遗憾的是该运动并未产生任何经济理论来分析自然资源的稀缺性问题，但它将公共力量和自由市场引入到环境保护领域，加强了美国政府的环境保护意识。

1890 年马歇尔出版了《经济学原理》一书，书中首次提出"外部经济"的概念，随后引申出"外部不经济"概念，最后庇古完成了该词的最终表述："外部性"。"外部性"概念在环境保护领域非常著名，是环境干预主义和市场环境主义的理论前提。环境干预主义主张政府对环境问题进行干预，具体方法包括：庇古税方案（建立完善的税收制度）、公共目标理论（主张通过立法保护环境）以及凯恩斯的未来观（主张建立适当的经济结构）。与之对立的是市场环境主义，它主张在自由市场环境中依靠产权的明晰来解决环境问题。庇古税方案与科斯产权方法至今仍然是环境外部性问题的主要解决手段。

# 第五章 基于自然循环的
## 可持续发展新理念

20世纪40年代，第二次世界大战结束，随后冷战开始，美国和苏联两个超级大国在政治、军事和经济上形成了对立的局面。这一时期，第三次工业革命开始，世界两大阵营开始了在原子能领域、计算机领域和航空航天领域的竞赛。大国竞赛导致能源消耗加速上升，同时矿物燃料的不可再生性与燃烧所造成的污染使得生态环境急剧恶化，资源的稀缺问题愈发凸显。此时，针对资源的稀缺性问题产生了一种新的可持续发展理论，它强调自然循环和资本再造，是一种基于循环经济的发展新理念。基于这种新理念，先后形成了宇宙飞船经济模型、福雷斯特-米都斯模型和循环经济理论。本章将分析第三次工业革命对现代化新发展理论产生的作用以及相关理论内涵。

## 第一节 基于自然循环的可持续发展理论的产生

### 一 第三次工业革命的推动作用

20世纪四五十年代，基于严重的利益冲突与意识形态的对立，世界上有两大阵营，一个是以美国为首的资本主义阵营，另一个是以苏联为首的社会主义阵营，在美国"反对共产主义扩张"的旗号下，资本主义阵营对苏联实施遏制政策和敌对行动。1946 年 3 月 5 日，英国前首相温斯顿·丘吉尔在美国富尔顿发表"铁幕演说"，正式拉开了冷战序幕。1947 年 3 月 12 日，美国"杜鲁门主义"的出台，标志着为期数十年的军事、政治和经济斗争——冷战的开始；1955 年华沙条约组织成立标志着两极格局的形成；1991 年华沙条约组织解散，之后苏联解体，标志着冷战结束，同时也标志两极格局结束。在冷战期间，美国和苏联两个超级大国相互竞争，破坏了世界的稳定性，但是不可否认的是，在高科技的军备竞争下，冷战时期确实实现了世界科技的又一次飞跃。冷战与第三次工业革命几乎在同一时期开始，世界各国着重加大了对科学技术的投入，这些科学技术不断被转化到生产中，并快速渗透进各领域，极大地提高了社会生产力和人们生活质量，使人类进入信息时代。

首先，美国最先在原子能领域实现了质的飞跃。1945 年，美国制成原子弹。原子能技术最先被应用到军事中，1945 年 8 月 6 日和 9 日，美国分别向日本广岛和长崎投放了原子弹，直接加速了日本的最终投降。核武器带来的巨大威慑力促使各国开始着手进行核弹研制，随后，苏联不甘示弱，于 1949 年也成功试爆原子弹；1952 年美国成功制成氢弹；1954 年 6 月，苏联建成第一个核电站；1957 年，苏联第一艘核动力破冰船下水；到了 1977 年，世界上 22 个国家和地区拥有核电站反应堆 229 座。

其次，航天技术取得重大突破，自 1957 年苏联成功发射第一颗人造卫星起，苏联和美国相继发送多颗地球卫星、月球卫星、载人飞船和航天飞机等。世界航天技术重大突破如表 5-1 所示。
同时，各国在计算机领域不断深耕、开拓创新，相继制成电子管
计数机（1946~1958 年）、晶体管计数机（1958~1964 年）、集成
电路计数机（1964~1970 年）、大规模集成电路计算机（1970 年
至今）。

表 5-1　世界航天技术重大突破（1957~1981 年）

| 年份 | 国家 | 发明 |
| --- | --- | --- |
| 1957 | 苏联 | 发射第一颗人造地球卫星 |
| 1958 | 美国 | 发射人造地球卫星 |
| 1959 | 苏联 | 发射"月球 2 号"卫星 |
| 1961 | 苏联 | 载人飞船首次进入太空 |
| 1969 | 美国 | 人类首次登陆月球 |
| 1981 | 美国 | 第一架航天飞机试飞成功 |

　　第三次工业革命开始后，航空航天技术极大地拓展了人类的
思维，促进了经济学家关于自然循环和资本再造理论的研究，他
们以更加宏观的视角，把人类和自然置于同一个地球生态系统当
中，传统经济理论认为的开放式生态系统随即瓦解，经济学家开
始将人与自然共同生活的地球变成了一个封闭的系统，这是可持
续发展现代化理论的研究基础。同时，第三次工业革命后计算机
技术不断发展，这使得计算机模型开始普遍应用于经济理论分析
中，庞大的数据和精细的计算方法，使得可持续发展的理论研究
更加准确。

## 二　二战后关于稀缺的经验研究

　　二战后，包括美国、英国、德国、法国和日本在内的大部分工

业化国家经济得到了快速发展。在 1929～1956 年（覆盖整个二战以及战后十年），美国的国民收入总额从 878 亿美元增长到了 3583 亿美元（具体数据如表 5-2 所示），英国的国民收入总额从 417800 万英镑增长到 1669800 万英镑（具体数据如表 5-3 所示），德国的国民收入总额从 759 亿德国马克增长到 1521 西德马克（具体数据如表 5-4 所示），法国的国民收入总额从 2450 亿旧法郎增长到 1433 亿新法郎（具体数据如表 5-5 所示），日本的国民收入总额从 1933 年的 1240 万日元增长到 1956 年的 757450 万日元（具体数据如表5-6所示）。

**表 5-2　美国国民收入总额（1929～1956 年）**

单位：亿美元

| 年份 | 金额 | 年份 | 金额 |
| --- | --- | --- | --- |
| 1929 | 878 | 1945 | 1812 |
| 1933 | 402 | 1949 | 2177 |
| 1939 | 728 | 1956 | 3583 |

数据来源：中国科学院经济研究所世界经济研究室．主要资本主义国家经济统计集：1848～1960［M］．北京：世界知识出版社，1962：8.

**表 5-3　英国国民收入总额（1929～1956 年）**

单位：万英镑

| 年份 | 金额 | 年份 | 金额 |
| --- | --- | --- | --- |
| 1929 | 417800 | 1945 | 835500 |
| 1933 | 372800 | 1949 | 1020800 |
| 1939 | 503700 | 1956 | 1669800 |

数据来源：中国科学院经济研究所世界经济研究室．主要资本主义国家经济统计集：1848～1960［M］．北京：世界知识出版社，1962：183.

表 5-4　德国国民收入总额（1929~1956 年）

单位：亿德国马克，亿西德马克

| 年份 | 金额 | 年份 | 金额 |
|------|------|------|------|
| 1929 | 759 | 1944 | 900 |
| 1933 | 465 | 1951 | 903 |
| 1939 | 898 | 1956 | 1521 |

数据来源：中国科学院经济研究所世界经济研究室．主要资本主义国家经济统计集：1848~1960［M］．北京：世界知识出版社，1962：257，292．

表 5-5　法国国民收入总额（1929~1956 年）

单位：亿旧法郎，亿新法郎

| 年份 | 金额 | 年份 | 金额 |
|------|------|------|------|
| 1929 | 2450 | 1946 | 24760 |
| 1933 | 1990 | 1951 | 917 |
| 1938 | 3690 | 1956 | 1433 |

注：1 新法郎等于 100 旧法郎。

数据来源：中国科学院经济研究所世界经济研究室．主要资本主义国家经济统计集：1848~1960［M］．北京：世界知识出版社，1962：317．

表 5-6　日本国民收入总额（1929~1956 年）

单位：万日元

| 年份 | 金额 | 年份 | 金额 |
|------|------|------|------|
| 1929 | — | 1946 | 36090 |
| 1933 | 1240 | 1949 | 273730 |
| 1939 | 2540 | 1956 | 757450 |

数据来源：中国科学院经济研究所世界经济研究室．主要资本主义国家经济统计集：1848~1960［M］．北京：世界知识出版社，1962：376．

　　二战后，西方国家经济的普遍快速发展，致使能源快速消耗的情况大量出现。西方国家的能源消耗加速上升，使得矿物燃料燃烧所造成的污染加剧，而化石能源的不可再生性使得资源稀缺问题愈发严重。图 5-1 展示了 1860~1960 年来自煤和石油的世界能源生产率。

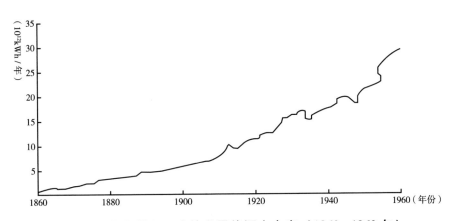

**图 5-1　来自煤和石油的世界能源生产率（1860～1960 年）**

数据来源：［英］库拉. 环境经济学思想史［M］. 谢扬举，译. 上海：上海人民出版社，2007：130.

从图 5-1 中可以看到，1860～1960 年全球煤和石油燃料的消耗总体上呈上升趋势，1860～1910 年，其增长率相对缓慢，到了 1950 年以后其生产率明显升高。关于稀缺性研究最著名的成果是 Neal Potter 和 Francis T. Christy（1962）的著作《自然资源货物的趋势——美国价格、产量、消费、外贸和就业的统计学，1870～1957》，在书中他们研究了 1870～1957 年美国的资源利用情况，在这一时间段，美国的土地利用面积增加了 3 倍左右，木材使用量增加了 4 倍左右，铁矿石开采量增加了 26 倍，更令人震惊的是原油的开采量增加了 490 倍。他们采用美国劳动统计局的数据，以商品的价格水平评估商品的稀缺性，得出结论：在林业部门中，木材的价格升高十分明显。他们解释道，由于"西进运动"，美国的工业逐步向西部转移，因此，木材的产地离消费市场变远，所以价格会自然升高。

巴尼特（Harold J. Barnett）和莫斯（Chandler Morse）利用二

人提供的数据对古典经济学的稀缺性观点进行验证。马尔萨斯和李嘉图稀缺论所研究的是在一个没有技术进步支持的背景下的社会，因此，自然资源是随着时间不断减少的。但是，如果科学在不断进步，新发现逐渐被应用到生产生活中，在社会发展过程中就会出现替代资源，那么，无论是马尔萨斯的绝对稀缺论还是李嘉图的相对稀缺论就失效了。为了验证这一想法，巴尼特和莫斯选取了美国作为研究地点，时间为 1870 年和 1957 年，因为在这一时间段，美国的经济增长显著，且科学技术水平提高明显，同时资源消耗量也十分大。1870 年和 1957 年美国原煤、原油、生铁和钢的产量变化趋势如图 5-2 所示。

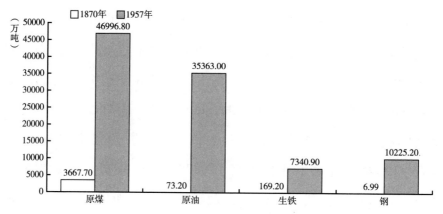

**图 5-2　美国原煤、原油、生铁和钢的产量（1870 年和 1957 年）**

数据来源：中国科学院经济研究所世界经济研究室. 主要资本主义国家经济统计集：1848～1960［M］. 北京：世界知识出版社，1962：65-66.

　　巴尼特和莫斯的研究假设是如果马尔萨斯和李嘉图的稀缺论是正确的，那么在 1870～1957 年，经济发展应不断加快。然而，随着经济的高速发展，社会生产所需的资源成本也将快速增加。他们提出以生产部门的单位生产成本来验证古典经济学稀缺理论的正确性。

单位生产成本用总投入与净产量之比来表示，理论模型为：

$$C = \frac{lL + kK}{Q}$$

其中：
- $C$ 为单位成本
- $L$ 为劳动投入
- $K$ 为资本投入
- $Q$ 为净产量
- $l$ 和 $k$ 分别为加权系数

最后，根据他们的计算，得出各生产部门的自然资源的单位生产成本如图 5-3 所示。虽然林业部门的生产成本一度升高，但是与波特（Neal Potter）和克里斯蒂（Francis T. Christy）研究得出的结论一致。图 5-3 中农业、渔业和矿业生产部门的单位成本都在稳步降低，这也证明了资源并不是稀缺的，是可以得到科学技术补偿的，同时也验证马尔萨斯和李嘉图的稀缺论是不完全正确的。

但是，以上过于乐观的研究结论并不能令所有人信服，美国政府是最早注意到资源快速消耗问题的国家级组织。1952 年，美国总统物资政策委员会（the US President's Material Policy Commission）发表报告《自由的资源，增长和稀缺的基础》（*Resources for Freedom, Foundation for Growth and Scarcity*），与 1890～1920 年美国的保护运动相比，《自由的资源，增长和稀缺的基础》标志着对环境污染与资源稀缺相关问题的研究开始上升到国家层面。该报告指出，美国能源消耗自第一次世界大战以来比之前所有的世纪总和还要

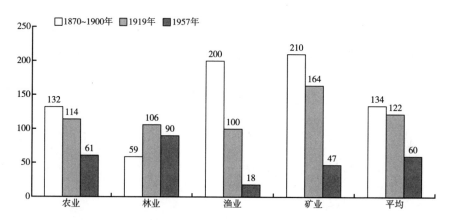

**图 5-3　美国自然资源的单位生产成本（1870～1900 年、1919 年、1957 年）**

注：以 1929 年为基准年，1929 年为 100。

数据来源：Harold J. Barnett，Chandler Morse. Scarcity and Growth：The Economics of Natural Resource Availability ［M］. Washington DC：Resources for the Future Press，2013.

多得多，"美利坚合众国现在所遇到的问题，是关系其文明能否持续的问题。20 世纪初，引领国家日渐伟大的人们，想也不曾想过这个问题。但是，随着 20 世纪一半光阴的流逝，这个问题步步紧逼而来，而真正的答案目前尚无从谈起"。报告告诫人们原生资源的储备并不能长久地满足人类社会的经济增长需求，并督促国家为了实现国家的永续发展严肃地对待自然资源，建议国家依赖更低成本、更加充足的物质循环模式进行生产。可持续发展的现代化理论必然包括自然资源的循环利用，从而衍生出来的循环经济模式也就无可争议地成为可持续发展的重要组成部分。循环经济的概念在 20 世纪末被广泛提及，解振华（2009）认为循环经济"要求按照生态规律组织整个生产、消费和废物处理过程，将传统的经济增长方式由'资源—产品—废物排放'的开环模式转化为'资源—产品—再生资源的闭环模式'"。廖红（2002）认为循环经济的本质是对传统线性经济的革命，它既能解决人与自然之间的问题，又能解决人与人之间的问题。她认为循环经济是物质闭环流动型经济。韩宝平等（2003）定义循环经济为对物质闭环循环使用的简称，以物质、能量梯次和闭路循环使用为特征，在环境方面表现为污染低排放，甚至污染零排放。陆学和陈兴鹏（2014）认为对于循环经济，目前尚无统一的定义，当代学者对循环经济的理解并不相同，但是其研究的核心大致是统一的，就是将废弃物通过某种方式转化成能使用的资源，本质是"废物资源化"。因此，本章将围绕循环经济所产生的"宇宙飞船经济模型"、"福雷斯特-米都斯模型"和"循环经济理论"进行论述。

## 第二节　宇宙飞船经济模型

### 一　"宇宙飞船经济"概念的提出

肯尼思·艾瓦特·博尔丁[①]以长远的视野批判了人类长期以来的价值观，他观察到人类正处于对自己和环境的本质认识深化的关键时期。原始人认为人类生活在一个巨大的平面上，从而人们便会有一种想法，就是无论遇到任何困难、无论环境怎样恶化，总会有可以生存的地方。15世纪之后，随着"地理大发现"，地球是个球体逐渐广为人知，地球是封闭的，并不是开放的。人们接受了地球

---

① 肯尼思·艾瓦特·博尔丁（Kenneth Ewart Boulding，1910～1993）出生于英国利物浦的一个普通工人家庭，父亲是一名工人和传教士，母亲则是一名家庭主妇。1932～1934年他在芝加哥大学和哈佛大学学习，1934年博尔丁返回英国，在爱丁堡大学工作。1937～1941年，博尔丁去往美国的科尔盖特大学任职，在那里教授经济学。1942～1943年在费斯克大学任教。1948年他获得了美国公民的身份。1949～1967年他在密歇根大学任教，1967年在科罗拉多大学任教直至退休。

是封闭系统的概念，封闭系统意味着地球没有来自外部的输入也不会向外部输出。关于封闭系统，博尔丁认为在人类的认知中，即使是最接近封闭系统的原始社会，也需要从环境中获取资源并向环境输出，包括人类本身必须接受空气、食物、水等包括环境在内的输入，同时以各种气体、液体等形式向体外进行输出。因此，所有包括人类社会的系统都是开放系统。若这个系统可以永远持续下去，人类社会将会永葆活力。人类的衰老和死亡就在于不能通过输入来维持自己的生命，输入小于输出。目前在人类活动的地方，经济增长方式已经无法维持这种输入，当输入大于输出时，社会也无法维持，最终将走向衰亡。

博尔丁提出问题：人类的福利的本质是取决于存量还是流量？比如，吃东西是一件好事还是吃得饱才是好事？经济福利是拥有漂亮的衣服、漂亮的房子和好的设施还是根据这些财物的折旧来衡量？博尔丁更倾向于存量的概念，他认为存量的概念是人类福利的基础，吃饱比吃更重要。我们吃饭是为了维持体内的平衡，为了维持这个平衡的状态，消费得越少，我们的生活就会越好。如果漂亮的衣服、漂亮的房子和好的设施不折旧、不贬值，那么我们就会感到愉悦。但是人们还是会追求生活各方面的多样性，人们不希望保持一个恒定的状态，否则就不会有丰富多彩的衣服和各式各样的食物等，这种福利的波动性使人们的生活方式产生了各种各样的浪费。但是，人类这种随心所欲地去使用和浪费各种资源是完全没有积极意义的。当前，在许多方面已经显示人类对自然资源的使用超过了一定的限度，地球正在超负荷运转，而人类这些行为最大的伤害是将这些都转嫁给我们的子孙后代。这种不负责任的挥霍浪费不仅没有任何道德的合法性，也会使我们后代的社会分崩离析。

## 二　宇宙飞船经济模型的理论内涵

### （一）"开放系统"与"封闭系统"

博尔丁认为，人类近一百年来的发展完全属于开放系统模式，应把这种开放系统模式转变为封闭系统模式。从一种模式转变为另一种模式离不开三个重要的因素，分别是物质、能量和信息，但这三个因素都是开放的。目前，在世界经济循环系统运转的过程中，默认世界是开放的。以废物问题为例，生产和消费要依靠自然循环的方式进行维持，通过天然的土壤、空气或者水资源来保证整个生产过程的无限循环。但是其中有一个假定，就是自然资源是无限的，即这个经济系统是开放的，不是封闭的。但是，这些年我们已然了解到无论是矿物燃料还是金属储备都是可耗竭的，人类长期以来从可耗竭的资源中获取大量的矿物燃料和其他资源，这显然只能是暂时性的。

在物质、能量和信息中，物质是最基础的，是最真实的天然存在。关于能量系统，人类无法逃脱热力学定律，因为如果地球上只有化石燃料，从中获取的能量只是暂时的，随着经济的发展和人口的增加，终有一天化石燃料会消耗殆尽。目前人类正在进行利用太阳能、核能和生物能等种种尝试，希望可以化解能源问题，这就依赖于人类知识的进步，也就是信息的积累。因此，在这三个因素中最重要的就是信息，物质和能量都是这个世界的基础，在经济生产过程中作为最基本的条件，只有拥有充足的信息并将其利用起来才能成功生产。在最贫穷的地方，由于信息储备不足，即使拥有优等的物质和能量基础，生产能力也不高。要使现在的开放系统转变为封闭系统，没有充足可靠的信息是永远不会实现的，所以信息是首要的。

### （二）"牧童经济"与"宇宙飞船经济"

博尔丁把过去的开放系统称为牧童经济①，牧童是无限平原的象征，代表着开放的系统；而未来封闭的系统则是宇宙飞船经济，因为地球就像一艘宇宙飞船，人类生活所需要的一切都需要通过地球上的良性循环来获得。博尔丁认为牧童经济与宇宙飞船经济的差异主要表现在消费的态度上，牧童经济中生产和消费都是好的。博尔丁认为在宇宙飞船经济中，经济的成功不是生产和消费，而是整个系统的存量维持，若是能使总的存量得以维持而生产和消费变少，那么就可以说是进步的。博尔丁深入浅出地指出，在宇宙飞船经济中，无论是生产还是消费都会对系统的运行产生不利的影响，尽量减少这类活动才是正确的选择。

### （三）宇宙飞船经济模型

博尔丁的宇宙飞船经济模型包含四种经济要素：消费者、生产者、可耗竭的资源和废物。传统的经济学只关注生产和消费端，而宇宙飞船经济模型必须包含可耗竭的资源和废物这两个重要的因素。因为随着经济的增长，如果不采取任何补救措施，资源必将耗竭，废物将无处排放。所以，在传统经济体系中，适宜的地球环境不可能长期维持。图5-4是宇宙飞船经济模型经济活动示意。

尽管几百年来科技和社会的发展确实改善和造福了人类社会，但是，博尔丁认为人们对于生产和消费的痴迷，正在以一种扭曲

---

① 牧童经济使人们想到牧童在放牧时，只管放牧而不顾草原的破坏。这种经济的主要特点就是大量地、迅速地消耗自然资源，把地球的资源看成取之不尽的，并无限度地索取，同时造成废物大量累积，使环境污染日益严重；它表现为追求高生产量（消耗自然资源）和高消费量（商品转化为污染物）。

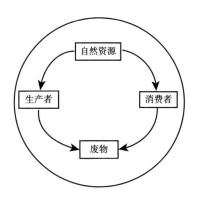

**图 5-4　宇宙飞船经济模型经济活动示意**

人性的方式带来技术变革。技术发展带来的产品的耐久性对人类经济社会的影响还不容易评估，新材料似乎特别倾向于耐久性的提高，如新橄榄石鞋底、尼龙袜等。自中世纪以来，住房和建筑的耐久性有所下降，但这种下降也反映了人们生活品位的变化以及对新奇事物的需求，因此不容易评估。产品耐久性问题直接关系着最广泛意义上的资本与收入的比率。对这一点需要更深入的研究，因为这关系着宇宙飞船未来的命运。

　　人们可能会抱怨说，这种考虑只涉及长远情况，而与我们眼前的问题无关。这种批评可能有一些道理。例如，大气或水体的污染这些直接问题确实是由于价格制度的失灵而产生的，其中许多问题可以通过纠正性税收来解决。如果人们不得不为他们造成的伤害而支付损失，就会有更多的资源用于防止造成伤害。这些涉及外部经济和外部不经济的争论对经济学家来说很熟悉，没有必要重新概括它们。侵权法不足以规定纠正所需的价格，因此需要有特别的立法来处理这些案件。如果我们在原则上通过一项对社会损害征税的法律，并建立评估机构，这样就可以防止很大一部分的污染和环境恶化。这涉及一些棘手的公平问题，特别是当为旧的麻烦创造了一种"购买权利"来延续其自身的时候。博尔丁关心问题的范围更大，也许比上面的问题更实际、更难解决。然而，我们在处理更大问题方面是有成功经验的，是一种直接解决问题的办法，与其他的技能发展无关。因此，人们可以希望，随着一系列不断增加的危机——特别是在污染方面——引起舆论并动员支持直接解决问题，一个学习过程将会开启，最终使人们对较大的问题有更深的认识，并找到解决办法。因此，对眼前问题的忽视并不是要否认它们的重要性，因为除非我们至少开始一个解决眼前问题的过程，否则我们就没有多少机会解决更大的问题。此外，对人类所面临危机的长期设想也可能使人们对眼前的问题更感兴趣，并使人们为解决问题付出更多的努力。这听起来像是一种相当温和的乐观主义，但也许适度的乐观比根本不乐观要好。

博尔丁的经济模型尽管存在许多问题，但是在对人类可持续发展问题的考察上具有里程碑式意义。它的启示简单明了且具有生命力：地球是一个脆弱、自我封闭的宇宙飞船经济单元，为了我们自己，也为了我们的子孙后代，我们应该去保护它。

## 第三节　福雷斯特-米都斯模型

### 一　"世界动力系统"的运转

二战后随着工业化的进程，世界上部分国家的社会问题日趋严重，城市人口剧增、环境污染、资源枯竭等问题屡见不鲜。在这些问题中既有定量的东西，又有如价值观念、道德等这些偏于定性的东西，给处理这些问题带来了极大的难度。

20 世纪 50 年代，杰·怀特·福雷斯特①出任麻省理工学院数字计算机实验室的主任，他和周围的同事一起利用数字计算机对世界经济模型进行模拟研究，开创了用系统动力学对社会经济问题进行分析的先河。福雷斯特提出，世界正在面临着巨大的压力，世界体系包括人、社会系统、技术和自然系统，对以往的由社会、技术和自然环境之间相互作用产生的对世界有益的方法，大家都不陌生。但是，移民、经济扩张和技术增长等因素不断作用，使得以往的历史方案已经无法满足日益增多的问题和不断增加的压力。解决方案要有实质性改变，而不是简单地抑制问题的产生。福雷斯特提出：人口、资本、污染、粮食消费、生活水平在人类有记录以来一直都在以指数级增长，这种过度的扩张到了一定限度后，将不会继续下去。

福雷斯特这样解释人口的增长，如图 5-5 所示，横轴代表社会物质的丰裕程度，纵轴代表毛出生率和死亡率。人口的毛出生率随着丰裕程度的上升而下降，死亡率同时也随着丰裕程度的上升而下降，最开始死亡率高于毛出生率，随着经济的发展，毛出生率高于死亡率。

由于经济的增长，人口数量快速上升，因此人口就是经济系统

---

① 杰·怀特·福雷斯特（Jay Wright Forrester，1918~2016）是一位做出开创性工作的美国计算机工程师和系统科学家。福雷斯特出生在内布拉斯加州安塞尔莫的一个农场，他生活的农场里没有电，促使他对电产生了浓厚的兴趣。在高中时他就用汽车的旧零件制造了发电机，为农场首次提供了电力。福雷斯特于 1939 年从内布拉斯加大学林肯分校获得电气工程理学学士学位，于 1949 年入选电气与计算机工程荣誉协会，并继续在麻省理工学院攻读研究生，他在那里度过他的整个职业生涯。他的代表作有《工业动力学》（1961）、《城市动力学》（1969）、《世界动力学》（1971）。其中，在 1971 年出版的《世界动力学》中，他将研究对象扩大到了世界范围，并提出了"世界模型 II"。

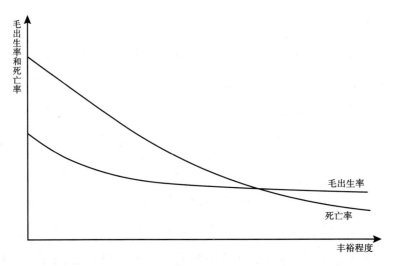

**图 5-5 系统动力学中作为经济发展函数的人口曲线**

资料来源：［英］库拉 . 环境经济学思想史［M］. 谢扬举，译 .
上海：上海人民出版社，2007：156.

的内生变量。福雷斯特认为目前全球给出的方案都是以人口的未来
增长作为给定的条件和行动的基础，但是，如果我们为人口的增长
做好了准备，人口就会以顺其自然的增长作为回应，什么才能阻止
这种指数级的增长呢？《世界动力学》描绘了社会系统的循环过
程，其中没有单向的因果关系。一连串的行动和后果又回到了社会
中，可以说人口将会增长，而且城市、空间和食物也必须同步增
长，但是也可以说城市、空间和食物的增长会导致人口增长，因此
综合来看，可以说人口的压力最终会导致人口的增长。但是必须要
支持这种增长，因为只有面对足够的人口增长压力才能抑制内在扩
张的动力，人口增长才会停止。最终，福雷斯特得出一个结论：随
着经济持续的增长和人口数量的增加，最终人们的生活质量将大幅
下降。

## 二　世界模型Ⅲ

### （一）罗马俱乐部

1968 年 4 月，来自十多个不同国家的众多不同身份的人聚集在一起讨论现在的和未来的人类困境问题，罗马俱乐部就此诞生。罗马俱乐部是一个非正式的国际协会，目的是改善全球管理，使人类摆脱所面临的困境。俱乐部成员讨论的议题很广泛，主要包括人口增长、失业、贫穷、通货膨胀、污染、资源耗竭和交通拥挤等。

罗马俱乐部的第一项研究公布于 1970 年举办的第二届罗马俱乐部年会上，会上福雷斯特提出了一个对人类问题的许多方面下了清楚定义的研究方案，之后设计了世界模型Ⅰ和世界模型Ⅱ，同时提出一项对问题加以分析的技术。之后丹尼斯·米都斯（Dennis L. Meadows）[1] 等人以福雷斯特的系统动力学为原型，构建了更为精致的世界模型，被称为世界模型Ⅲ，也就是"福雷斯特-米都斯模型"。罗马俱乐部最终得出结论：首先，如果人类继续以当前的人口增长速度、工业化程度、污染程度、粮食生产能力还有资源消耗的速度发展下去，那么地球的增长极限将在百年后到来；其次，改变这种增长趋势与建立稳定的生态和经济条件以支撑遥远的未来是可能的，并且地球上每个人都拥有同等的权利去满足自身的基本物质需求和实现个人的发展；最后，如果达成一致，全世界的人们决定追求第二种结果、摒弃第一种结果，那么越努力地去为第二种可能而积极地工作和奋斗，则成功的概率就会越高。他们认为这个

---

[1]　丹尼斯·米都斯（Dennis L. Meadows，1942~），美国新罕布什尔大学政策及社会科学研究所主任和政策体制教授。

过程是十分艰难的，所以呼吁更多的人参与进来一起为这个伟大的过渡时期做准备，即从增长过渡到全球均衡状态。

增长不是一个线性过程而是一个指数过程，指数增长是一个动态现象。按照福雷斯特的系统动力学，任何系统的结构性组成部分之间都存在着许多密切的、有时滞后的关系，由此构成一个动态模型，其中任何按指数增长的量，都以某种方式包含了一种正反馈回路，有时也可称作恶性循环。在他的世界模型中，这个正反馈回路是研究的基础，包含了三组内容：绝对变量、这些绝对变量的变化和附加变量。绝对变量包括非可再生资源、土地、资本存量和人口等。附加变量包括工业产量、食物产量、污染对人寿命的影响、污染被吸收的时间等，所有变量都是按照指数增长测度的。这三组变量之间的相互作用包括正反馈回路的数学方程处理，比如资本积累会引起生活水平的提高，反过来，生活水平又通过不同的方式影响资本积累，这也是一个反馈过程。

### （二）世界模型Ⅲ的运行过程

世界模型的运行包含以下几个步骤。首先，列出人口、资源、人均粮食、人均工业产量和污染五个标准的变量的因果关系和反馈回路。其次，广泛获取全球的数据，尽可能准确地为每一种关系定量。再次，使用计算机计算这些关系在时间上同时运行的作用。最后，检验各种政策对全球系统的影响。

他们创建这个世界模型的主要目的是确定当这个世界系统达到增长的极限时，在这些行为方式中，哪一种最有代表性。模型结果展示了1900~2100年世界人口、资源和其他变量的估计值。之前提到，如果按照这种指数增长，这个世界系统会越来越接近它的极限。米都斯等人检验了几种不同的选择，每一种选择取决于人类社会对各个增长的极限所引起的问题所做出的一套假设，罗马俱乐部根据多种多样的假定构造了 14 个模型。

第一个模型描绘了从 1900~2100 年下述 8 个变量在时间轴上的进展：

- 人口
- 人均工业产量
- 人均粮食
- 污染
- 不可再生资源
- 自然出生率（$B$）
- 自然死亡率（$D$）
- 人均服务（$S$）

图 5-6 是标准走势的世界模型，图 5-6 中全球人口从 1900 年的 16 亿人上升到 1970 年的 35 亿人，尤其是 1940 年以后，人口增长率提高了，人均工业产量、人均粮食和人均服务按指数增长。但随着人口和人均工业产量的继续增长，资源呈现明显的下降趋势。在这种走势下，世界系统因为不可再生资源的耗竭而发生崩溃，工业资本存量增长到需要大量输入资源的水平。以上就是罗马俱乐部构建的第一个世界模型。

第二次，他们又构建了一个自然资源储量加倍的世界模型，系统又一次失败，失败的原因是污染水平突然上升，超过了自然吸收的能力。

第三次，他们构建了一个拥有无限自然资源储量的世界模型，最终模型还是崩溃了，直接的原因是人口增长导致污染。

第四次，他们构建了一个拥有无限自然资源储量并且控制污染

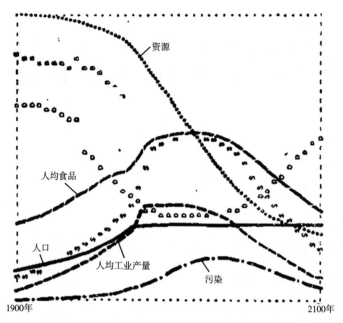

**图 5-6　标准走势的世界模型（1900～2100 年）**

数据来源：［美］丹尼斯·米都斯等. 增长的极限 ［M］. 李宝恒，译. 成都：四川人民出版社，1984：139.

水平的世界模型，由于工业的无限生产占用了耕地，耕地减少导致粮食供应不足，最后导致人口增长停止。

　　之后他们又尝试了多种模型，将增加农业生产率、控制生育等前提条件加入进去，但最后毫无疑问，模型全部崩溃。

　　罗马俱乐部试图寻找一种模式，它可以维持，没有突然的和不可控的崩溃，并且可以满足全人类的基本物质需要。他们将稳定的人口、资本加入进来，最终获得了一个稳定的世界模型。这个模型依靠出生率和死亡率相等的设定，使人口达到了稳定。由于设定了投资率和资本折旧率相等的条件，工业资本趋于稳定。人口、人均工业产量和污染不再增加，自然资源仍在消耗，但是消耗率已经得到了适当的降低，这个稳定态的世界模型如图 5-7 所示。

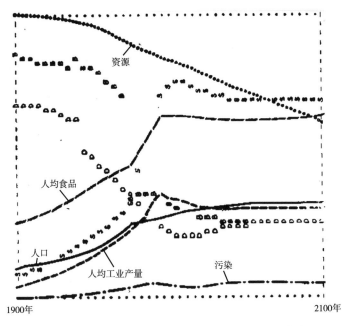

**图 5-7　稳定态的世界模型（1900~2100 年）**

数据来源：［美］丹尼斯·米都斯等.增长的极限［M］.
李宝恒，译.成都：四川人民出版社，1984：193.

罗马俱乐部也承认，人口和资本的稳定是不现实的，作为替代，他们假定从 1975 年开始有这样一项政策：一是每个人都做到了 100% 有效的生育节制；二是理想的家庭规模平均是两个孩子；三是经济系统努力使人均工业产量大约维持在 1975 年的水平。多余的工业能力用于生产消费品，而不是仅用新增投资去弥补折旧。虽然这个系统也达到了稳定，但是不如上一个好，因为得到的结果是人均物质商品、粮食和服务均保持在低水平。换言之，指数增长得到越长时间的维持，持续的可能性就越小。罗马俱乐部最后预言：在 22 世纪之前，经济发展将完全停滞。

## 第四节  循环经济理论

### 一  传统开放经济体系与比较简单的循环系统

在过去，人们认为整个经济体系是开放的，传统经济是单向流动的，即"资源—产品—废物排放"。自然资源通过生产转化成资本产品，以供人们消费。传统的开放经济体系如图 5-8 所示。

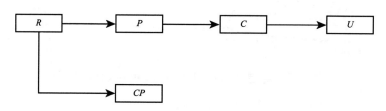

**图 5-8  传统开放经济体系示意**

其中：

· $R$ 代表自然资源（Nature Resources）

· $P$ 代表生产（Production）

· $C$ 代表消费（Consumption）

· $U$ 代表效用（Utility）

· $CP$ 代表资本产品（Capital Products）

在这种传统的简单开放经济体系中，自然资源是整个经济运行的源头，自然资源主要是为生产提供原材料，供人们进行消费，最后实现其效用。整个过程有始有终，呈线性特点。

然而，当考虑到废物利用和回收后，开放系统就会转化成一个封闭的循环系统。根据热力学第一定律，一个封闭的系统内部物质的总能量是恒定不变的，因此，若生产和消费产生的废物在整个系统中能够循环，那么自然资源就会得到充分利用，由此衍生出比较简单的循环系统，如图 5-9 所示。

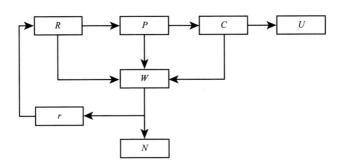

**图 5-9 比较简单的循环系统示意**

其中：

· R 代表自然资源（Nature Resources）

· P 代表生产（Production）

· C 代表消费（Consumption）

· U 代表效用（Utility）

· W 代表废物（Waste）

· N 代表自然环境（Nature）

· r 代表资源的回收利用（recycling）

在这种比较简单的循环经济体系中，自然资源仍然是整个经济运行的源头。一方面，自然资源主要是为生产提供原材料，供人们进行消费，最后实现其效用。另一方面，在系统上述运行的过程中，生产端和消费端都会产生相应的废物，通过一些回收手段，这些废物中的一部分直接回归自然环境，而另一部分则通过处理得到回收利用，重新成为生产所需的原材料。但是，此循环系统严格意义上讲并不是完全封闭的，在循环的过程中仍然会有一部分产品最终转变为废物排放到自然环境中。

## 二 循环经济理论的理论内涵

大卫·威廉·皮尔斯（David William Pearce）[①] 根据博尔丁的理论模型建立了第一个以循环经济命名的经济理论。该理论模型将经济系统与生态环境系统联结在一起，使它们成为一个完整闭合的循环系统。1990 年，皮尔斯在其著作《自然资源与环境经济学》（*Economics of Natural Resources and the Environment*）中提出"循环经济"的概念，皮尔斯提出的循环经济概念明确了环境的四个经济功能之间的相互联系，这四个功能分别是：舒适价值、经济的资源库、废物的排放接纳地和生命的支撑系统。

首先，舒适价值是环境直接提供给人的经济价值，它不受任何经济因素干扰。例如，美丽的风景、各类物种的存在、一切能从自然环境中直接感受到的愉悦都是环境为人类提供的舒适价值。

其次，环境给人类提供了可再生能源与不可再生能源，产品的生产、原料的使用都依赖自然环境，因此，环境给人类提供了第二种经济价值，即作为经济的资源库的价值。

---

① 大卫·威廉·皮尔斯（David William Pearce，1941~2005）是伦敦大学学院经济系的名誉教授。他专攻环境经济学，是环境经济学的先驱，出版了 50 多本书并发表了 300 多篇关于该主题的学术文章，包括他的"绿色经济蓝图"系列。他出生于伦敦哈罗，于 1963 年毕业于牛津大学林肯学院的政治、哲学和经济学专业，在 1963~1964 年到伦敦经济学院学习经济学。1974~1979 年，他在南安普敦大学、莱斯特大学等担任学术职务，之后在伦敦大学学院担任政治经济学教授，后来于 1983 年担任经济学教授，并于 2004 年退休。在他的职业生涯中，他在 1989~1992 年担任英国外交大臣克里斯托弗·帕滕和迈克尔·赫塞尔廷的首席环境顾问。

　　再次，人们生产生活所产生的废物，无论是固体、液体还是气体，最终都被环境所吸收。因此，环境作为废物的排放接纳地为人类的生存提供价值。但是环境的接纳能力是存在限度的，一旦超过了环境的同化能力，后果十分严重。

　　最后，环境的第四个经济功能是生命的支撑系统，无论是人还是动物，生命体的存在完全依赖于自然环境，这是毋庸置疑的。

　　经过详细的分析和研究，皮尔斯给出了更加严谨的循环系统模型，如图 5-10 所示。

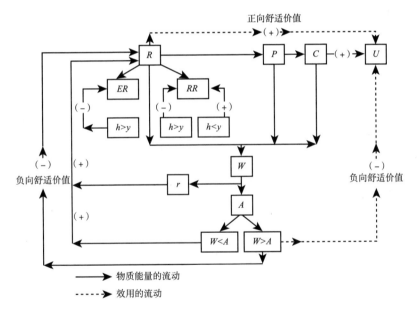

**图 5-10　皮尔斯的循环系统**

资料来源：Pearce D., Turner R. K.. Economics of Natural Resources and the Environment ［M］. London：Harvester Wheat Sheaf, 1990.

其中：

· R 代表自然资源（Nature Resources）

· P 代表生产（Production）

- *C* 代表消费（Consumption）
- *U* 代表效用（Utility）
- *W* 代表废物（Waste）
- *A* 代表环境的同化能力（Assimilative Capacity）
- *ER* 代表可耗尽资源（Exhaustible Resources）
- *RR* 代表可回收资源（Recyclable Resources）
- *r* 代表资源的回收利用（recycling）
- *h* 代表收获（harvest）
- *y* 代表产量（yield）
- 实线表示物质能量的流动
- 虚线表示效用的流动

在这种循环经济体系中，自然资源仍然是整个经济运行的源头。首先，主要经济运行流程并不会发生改变，即自然资源主要是为生产提供原材料，供人们进行消费，最后实现其效用（此过程是正向的），此过程给人们提供的是正向的舒适价值。其次，在系统运行过程中，自然资源、生产端和消费端都会产生相应的废物，通过一些回收手段，这些废物中的一部分可以直接回归自然环境，而另一部分则通过处理得到回收利用，重新成为生产所需的原材料。在此过程中，自然资源可分为可耗尽资源和可回收资源，要注意的是这种资源的产量和收获的对比；而对于废物的处理，对于直接回收利用的部分，其过程是正向的，对于回归自然环境的那一部分，则要考虑环境的同化能力，若环境对其同化能力强，则废物会重新成为原材料用于生产（正向），若环境对其同化能力弱，则废物一方面会成为原材料用于生产（负向），另一方面会给人们提供负向的舒适价值。在皮尔斯的设计中，初代循环经济体系中废物排放的不严谨问题得到克服，加入了环境的同化能力，通过正向和负向的循环将整个循环的经济系统完全封闭起来。

### 三　基于循环经济理论的多重批判

20 世纪 60 年代开始，可持续发展的概念逐渐扩展至整个经济活动领域。与皮尔斯一样，学界存在着各种各样的关于可持续发展的声音。"改变生活方式学派"声称为了达到可持续发展的目的，人类需要改变生活方式。自由市场经济学家并不鼓励可持续性，因为如果不可再生资源变得稀缺，则其价格就会上涨，在市场机制的作用下，替代品也会随之出现，可持续性问题就会被"看不见的手"解决，因此并不存在资源耗竭的问题。热衷于成本-收益分析的经济学家则认为成本-收益分析可将经济活动的主体在进行经济活动时产生的经济价值上的得失，通过一种追求利润最大化的估算与衡量方法科学地估计得出。皮尔斯坚信循环经济理论才是实现可持续发展的最终办法，因此，他在不同程度上驳斥了以上观点。

#### （一）对"改变生活方式学派"的驳斥

有学者认为，人类需要改变生活方式来达到可持续发展的目的，他们被称为"改变生活方式学派"，而皮尔斯认为这种方式是非常不可取的。一国的经济发展水平可以由国民生产总值反映，一旦国民生产总值不能持续增长，随之而来的就是大量的失业，社会变得贫困。失业和贫困的产生意味着在追求高经济增长道路上的失败，对于如何才能摆脱这一局面，有人建议富裕的国家牺牲一点经济增长，使相对贫困的国家提高经济增速，而这首先就是不平等的，经济增长也并不会自动地从一方转向另一方。这将加剧不平等，引起大量的社会问题。因此，皮尔斯在对鼓吹改变生活方式的一群人的批判中提出，这不仅仅是生活方式的问题，改变生活方式并不意味着拒绝经济增长，而是意味着减少材料和能源消耗，并避免丧失生物多样性。改变生活方式并没有用处，因为根本发挥不了实际的作用。若是从现在开始节约资源、避免大众"铺张浪费"，就会减少资源的使用，即便会使经济得以维持，但是普通大众会对这样的生活不满，会产生诸多抱怨，这与可持续发展的最终目标是不一致的，可持续发展需要既满足人们的物质需要，又使自然环境和经济发展具有可持续性。

**（二）对自由市场观点的否定**

自由市场经济学家并不鼓励可持续性，因为如果不可再生资源变得稀缺，则其价格就会上涨，在市场机制的作用下，替代品也会随之出现，可持续性问题就会被"看不见的手"解决，因此，这里并不涉及资源耗竭的问题。他们坚信，任何一种自然资源都必然会有其相应的替代品，而随着科学技术的发展，替代品将会轻而易举地获得，资源耗竭只不过是偶然发生的。然而，亚当·斯密生活的时代已经离我们太远了，今天与那时相比已经大为不同。当前，很多正在遭受威胁和破坏的资源不是市场化的，如海洋、大气等。以核污染为例，毒性极强的核废料一旦破坏一方土地，其影响将持续数百年，"看不见的手"如何调整才能替换掉污染的土地呢？皮尔斯反对自由市场经济学家的观点，认为可持续发展与可持续性并不一样，可持续发展增加了对产出的关注，包括除国民生产总值以外的社会目标。尽管皮尔斯对自由市场观点予以了否定，但是他认为寻找替代能源确实是一种行之有效的方法，可持续性意味着自然资源的整体存量必须满足将来和现在使用，因此，推动开发和利用可再生能源的技术变革就尤为重要。皮尔斯认为这意味着推动资源使用与国民生产总值的比率下降，并鼓励向可再生资源过渡。而这两种活动都涉及技术变革，第一是提高不可再生资源利用率，第二是发展可再生资源和材料的回收利用系统。但是，技术变革也并不都是正向的（如氟氯烃的发明），皮尔斯总体上倾向于反技术。

### （三）对成本－收益分析的批判

成本－收益分析一度非常常用，成本－收益分析可将经济活动的主体在进行经济活动时产生的经济价值上的得失，通过一种追求利润最大化的估算与衡量方法科学地得出，成本－收益分析是对未来行动和产生的结果的一种预估。成本－收益分析模型提出，若项目利益减掉成本并完成贴现后数值仍高于零，那么该项目就能够被接受和执行。皮尔斯认为，根据现有的标准，以普通折现的方法，用成本－收益分析去指导行动，得到的结果就是对后代的歧视。比如可以假设，从现在起 500 年后有严重的环境污染发生，并且将给后代强加上 100 亿英镑的经济代价，而按照 5% 的折现率，这体现为 25 便士的现值，看起来现在为后代去担忧是不必要的。但是，显然普通的折现是错误的，如果最终的结果是这么荒谬的数字，人们就没有必要为未来操心了。普通折现是错误的，是因为它关注的只是当代和接近当代的几代人。

皮尔斯虽然认为成本－收益分析并不适用于对未来的估算，但是皮尔斯认为对于未来确实存在着代际歧视，皮尔斯根据当时的环境问题，认为包括大气层破坏、核废料污染还有海洋污染等都会对后代产生巨大的影响，环境问题是会产生代际公平问题的。为了克服代际歧视，皮尔斯建议建立一个补偿基金，以使后代在受到当前活动影响而造成损失时得到相应的补偿。按照复利进行计算，复利下的长期积累会生成巨大的资金量，即使整个社会每人投入一元钱，哪怕按照最低的利率计算，500 年后也是相当惊人的数字。因此，从理论上来说，这个补偿基金能够补偿未来的个体，复利不仅能给后代提供大量的基金，还能够补偿当代人类对后代的污染和破坏。但是这种补偿基金的方法也有弊端。首先，我们现在无法得知当代环境破坏的范围和程度；其次，复利并不能长期保持不变，未来或增或减我们无从得知。尽管皮尔斯自己也知道其中的缺陷，但是他坚信这种补偿基金的构想是值得尝试的。

## 小　结

本章主要分析了基于自然循环的可持续发展理论的相关内容，包括第三次工业革命和二战后关于稀缺的经验研究对这一阶段可持续发展理论形成的推动作用。基于自然循环的可持续发展理论演进如图 5-11 所示。

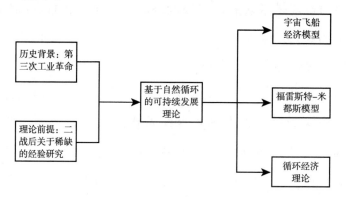

**图 5-11　基于自然循环的可持续发展理论演进**

20 世纪四五十年代，随着第二次世界大战的结束，冷战开启，美苏两大阵营形成了对立。冷战期间，第三次工业革命开启，美苏两国相互竞争，开启了科技、军事、政治、经济的角力，最直接的影响便是航空航天技术和计算机技术得到了飞速的发展，这为后来可持续发展理论的研究奠定了基础。此外，二战后，大部分西方国家经济实现了飞跃，自然资源也在快速消耗，一些经济学家注意到了这点，他们对资源的稀缺性进行了大量的研究。于是，以保护环境和资源为目标的可持续发展的现代化新理论应运而生。该类理论的代表学者是博尔丁，他提出了著名的宇宙飞船经济模型，将地球比作一艘行驶在太空中的宇宙飞船，该飞船是一个封闭系统。该模型为后续的同类可持续发展理论指明了方向。之后，罗马俱乐部以福雷斯特的系统动力学为分析方法，提出了著名的世界模型Ⅲ，此模型大量运用计算机技术，模拟自 1900～2100 年的世界走势，最终得出悲观结论：在 22 世纪之前，经济发展将完全停滞。1990 年，皮尔斯提出了循环经济理论，他设计了一个完全闭合的循环经济系统来实现人类的可持续发展。以上三种理论都存在一个明显的前提条件，即世界是封闭的系统，否定了自然资源取之不尽、用之不竭的观点，主张人类社会的可持续发展须依靠自然循环与资本再造理念实现。

# 第六章  对西方可持续发展
## 理论演进的评析

结合历史事件和科学技术的发展对经济学派别和经济学家的观点进行梳理总结可以发现，在西方经济思想史中可持续发展理论的发展历程中，既有对早期经济思想和理论的传承，又发生了巨大的变革。不同时期可持续发展研究的目标是共同的，但具体研究内容不尽相同。早期资本主义时期和古典经济时期的可持续发展研究主要围绕资源稀缺性进行讨论；边际革命时期则是讨论商品的稀缺性与人类的需求之间的联系；进入 20 世纪，环境外部性和资源稀缺性成为可持续发展理论的两大研究主题，围绕环境外部性，产生了环境干预主义和市场环境主义；而基于自然循环的新发展理论的研究则更加侧重于资源的稀缺性。本章将总结西方可持续发展理论的演进规律与特征，从价值与缺陷两方面对可持续发展理论进行剖析，并与马克思经济学的人与自然思想进行简要对比，总结其演进中的逻辑缺失，并就如何认识西方可持续发展理论进行阐释。

# 第一节 西方可持续发展的理论演进规律

任何事物的发展都是有其规律的，在对西方经济思想史不同阶段的可持续发展理论进行梳理后，接下来将以历史脉络为线索，对可持续发展理论的演进阶段、形成时间、形成地点、历史背景、理论名称、理论内容进行系统整理，发现西方可持续发展的理论具有如下的演进规律：以资源稀缺性与环境外部性为线索，以科学技术发展水平为主要推动力，以社会主要矛盾为理论更迭导火索。结合历史事实的西方可持续发展理论演进脉络如表6-1所示。

**表6-1 结合历史事实的西方可持续发展理论演进脉络**

| 理论演进阶段 | 时间 | 地点 | 历史背景 | 思想/理论名称 | 理论内容 |
|---|---|---|---|---|---|
| 理论萌芽阶段 | 16世纪至18世纪中叶 | 英国 | "圈地运动" | 重商主义 | 追求财富增长 |
| | | | | 重农主义 | 服从"自然秩序" |
| 理论初探阶段 | 18世纪中叶至19世纪中叶 | 英国 | 第一次工业革命、法国大革命 | 古典理想主义 | 《国富论》 |
| | | | | 古典现实主义 | 绝对稀缺论 |
| | | | | | 相对稀缺论 |
| | | | | | 自然和谐论 |
| 理论发展阶段 | 19世纪中叶至19世纪末 | 英国、法国、奥地利 | 第二次工业革命 | 基于主观价值论的分析 | 自然资源商品创造论 |
| 理论深化阶段 | 20世纪至20世纪下半叶 | 英国、美国 | 两次世界大战、第三次工业革命 | 环境干预主义 | 庇古税方案 |
| | | | | | 公共目标理论 |
| | | | | | 凯恩斯的未来观 |
| | | | | 市场环境主义 | 科斯产权方法 |

续表

| 理论演进阶段 | 时间 | 地点 | 历史背景 | 思想/理论名称 | 理论内容 |
|---|---|---|---|---|---|
| 理论的现代化发展 | 20世纪下半叶至今 | 美国 | 冷战 | 基于自然循环的新理念 | 宇宙飞船经济模型 |
| | | | | | 福雷斯特-米都斯模型 |
| | | | | | 循环经济理论 |

## 一 以资源稀缺性与环境外部性为线索

时至今日，西方可持续发展理论已经高度分化，各个理论派系已经衍生出许多不同的分支，从表6-1中不难发现，自理论萌芽至理论的现代化发展，尽管可持续发展理论的演进呈现繁杂化的趋势，理论本身也日趋多样化，但其研究主题仍离不开资源稀缺性和环境外部性两大线索。

通过讨论人口增长与资源的稀缺将可持续发展与人类生存问题联系起来，所围绕的主题就是稀缺性，早期通过控制人口、开发新资源，包括土地资源、矿产资源、海洋资源等来实现可持续的发展，后期演变成通过开发新能源、实现资源循环利用来达到物质的基本平衡状态。关于该主题的理论研究发生在理论初探阶段，产生了以《国富论》为代表的古典理想主义，还有以绝对稀缺论和相对稀缺论为核心的古典现实主义；而在理论的现代化发展阶段，产生了宇宙飞船经济模型、福雷斯特-米都斯模型以及循环经济理论，以环境污染为主题，从环境外部性理论出发讨论环境问题的解决办法。关于环境外部性主题，目前，最主要的解决途径是环境干预主义的庇古税方案和市场环境主义的科斯产权方法，本书中，关于环境干预主义还探讨了加尔布雷斯的公共目标理论以及凯恩斯的未来观。

18世纪中叶至19世纪中叶，在理论初探阶段，古典理想主义和古典现实主义共同围绕资源（主要是土地资源）的稀缺性对人类社会可持续发展的影响进行理论探析。斯密生活的时代，土地资源丰富，英国除本土土地资源外，还有很多殖民地的土地可供使用。因此，斯密认为资源（土地资源）是丰富的。马尔萨斯和李嘉图观察到社会上出现了人口快速增加的情况，他们认为资源是稀缺的，无法给过多的人口提供足够的食物。20世纪至20世纪下半叶，围绕环境问题产生的外部性问题，形成了环境干预主义与市场环境主义两种对待环境问题的不同理论。20世纪下半叶至今，关于资源的稀缺问题，形成了一个基于自然循环的发展新理念。值得一提的是，在自然资源商品创造论形成之前，杰文斯还对资源（矿石资源）耗竭进行了研究。因此，在西方经济思想史的视域下，在可持续发展的理论演进中，资源稀缺性和环境外部性是主要研究线索。西方可持续发展理论的主要研究主题如图6-1所示。

此外，西方可持续发展理论总体上是在客观层面和主观层面分别展开论述，主观层面的分析要晚于客观层面的讨论，其理论又在资源稀缺性、环境外部性的基本逻辑基础上进行推演，资源稀缺性、环境外部性既是西方可持续发展理论的核心，又是其未来发展的主要方向。包含所有理论观点的按研究主题划分的西方可持续发展理论思路如图6-2所示。

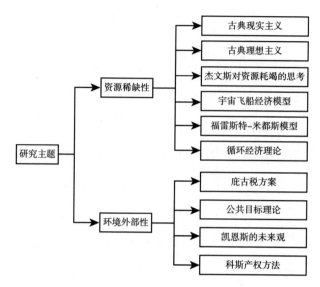

**图 6-1　西方可持续发展理论的主要研究主题**

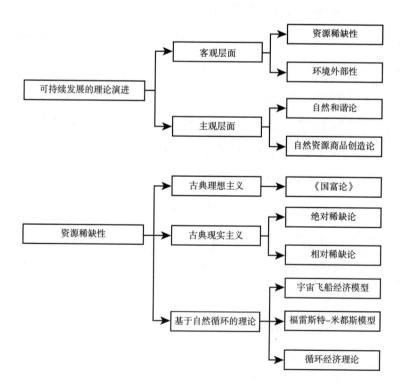

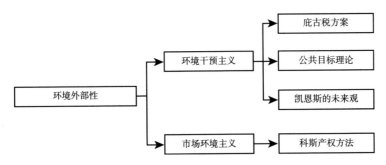

**图 6-2　按研究主题划分的西方可持续发展理论思路**

## 二　以科学技术发展水平为主要推动力

科学技术通过作用于自然环境，影响着人类社会的可持续发展。不仅自然环境的发展方向与科学技术水平息息相关，整个人类社会的发展对科学技术水平也形成了强大的依赖。西方可持续发展理论的演进是以科学技术发展水平为主要推动力的，在古典经济学时代，可持续发展的古典理想主义和古典现实主义相辅相成，在第一次工业革命中起到了强大的推动作用。斯密所处的时代，劳动生产率大幅提高，商品生产速度加快，生活水平不断改善。到了马尔萨斯和李嘉图生活的时代，人口数量激增，穷人数量不断增加，由此产生了古典现实主义的可持续发展理论。第二次工业革命不仅推动了自然资源商品创造论的形成，还催生了环境干预主义，第二次工业革命使西方国家进入电气时代，生产率进一步提高，人们生活质量显著提高，西方国家开始凭借发达的科学技术挑起了一系列的争端，一批经济学家开始思考人类可持续发展与人类主观因素的联系，即以主观价值论分析人类可持续发展问题。随后，随着科学技术水平的不断提高，资本家不再满足于小范围地使用资本主义生产资料，开始产生垄断竞争。于是，不同类型的垄断组织出现，最终形成了国家垄断资本主义，这为环境干预主义的形成奠定了基础。第三次工业革命开始后，航空航天技术的发展极大地拓展了人类的思维，促进了经济学家基于自然循环理论的研究，他们以更加宏观的视角，把人类和自然置于地球生态系统当中。同时，第三次工业革命后计算机技术的不断发展使得计算机模型开始普遍应用于经济理论分析中，庞大的数据规模和精细的计算方法广为应用，计算机模拟技术使可持续发展理论的研究具有更加明确的结果。科学技术在可持续发展理论发展中的主要作用如图 6-3 所示。

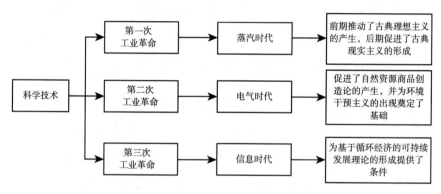

**图 6-3　科学技术在可持续发展理论发展中的主要作用**

## 三　以社会主要矛盾为理论更迭导火索

社会矛盾是指社会各阶级或阶层基于不同的利益关系或财产分配关系所产生的种种冲突以及不和谐的现象。在西方经济思想史的视域下，每一次可持续发展理论的更迭都是以一定的社会矛盾为导火索的。18 世纪末，西方世界人口数量激增，生活资料分配不均，穷人增加，从古典理想主义过渡到古典现实主义的导火索便是人口问题。19世纪上半叶，基于主观价值论的理论分析逐渐代替了古典现实主义理论，其导火索是激进运动，激进运动源自英国新兴中产阶级和贵族地主阶级的矛盾。19世纪末至20世纪初，美国中产阶级市民发起了保护运动，他们要求政府力量介入环境保护，随后产生了环境干预主义和市场环境主义。到了20世纪下半叶，由于美苏争霸，资本主义阵营和社会主义阵营水火不容，这成为基于自然循环新理念的理论形成的导火索。以社会主要矛盾为理论更迭导火索的总结如表6-2所示。

表6-2 以社会主要矛盾为理论更迭导火索的总结

| 时间 | 社会问题 | 社会主要矛盾 | 理论更迭情况 |
|---|---|---|---|
| 18世纪末 | 人口问题 | 资产阶级和无产阶级的矛盾 | 从古典理想主义过渡到古典现实主义 |
| 19世纪上半叶 | 激进运动 | 英国新兴中产阶级和贵族地主阶级的矛盾 | 从古典现实主义过渡到基于主观价值论的理论分析 |
| 19世纪末至20世纪初 | 1890~1920年美国保护运动 | 美国中产阶级市民团体和政府公共力量的矛盾 | 从基于主观价值论的理论分析过渡到环境干预主义和市场环境主义 |
| 20世纪下半叶 | 冷战 | 社会主义阵营与资本主义阵营的矛盾 | 形成了一种基于自然循环新理念的理论 |

除以上三个主要的演进规律外，根据《我们共同的未来》中提出的概念，可持续发展是既可以满足当代人的需求又无损后代满足他们需求能力的那种发展，笔者粗略地将众多经济学家的态度归纳为对未来可持续发展的乐观主义态度和悲观主义态度（或认为人类社会的不可持续）。

乐观主义态度包括：亚当·斯密憧憬的世界是丰富充实的；

穆勒认为总体来说，"静止状态"要比当前的状态好得多；马歇尔基本认同亚当·斯密的观点，强调土地会永葆生产力，大多数矿藏可能会经历一个按比例的稳定回归；庇古和加尔布雷斯都相信，通过政府干预手段，环境问题可以得到解决；凯恩斯看到了科学技术的重要作用，认为一切涉及经济的问题最终都会通过科技的办法得到解决；科斯的办法是通过明晰产权来解决各种环境问题。

悲观主义态度包括：马尔萨斯看到人口增长带来的弊端，认为人口增长终将致使自然承载能力到达极限；李嘉图通过提出地租原理，指出由于自然资源的稀缺，经济发展最终必将停滞；杰文斯悲观地认为资源终将耗竭；随着资源的不断消耗，美国保护主义者认为"稀缺"是永恒的；博尔丁认为环境损耗永远存在，经济福利不应以自然资本的损耗为代价；福雷斯特提出随着经济的增长和人口数量的增加，人们的生活质量将大幅下降；罗马俱乐部更是悲观地预言不到 22 世纪，经济发展将完全停滞。

表 6-3 为西方经济思想史上主要经济学家对可持续发展的态度。

**表 6-3　西方主要经济学家对可持续发展的态度**

| 时间 | 经济学家/团体 | 主要观点出处 | 可持续发展的理念 | 对可持续发展态度 |
|---|---|---|---|---|
| 1776 年 | 亚当·斯密 | 《国民财富的性质和原因的研究》 | 世界是丰富充实的 | 乐观主义 |
| 1798 年 | 马尔萨斯 | 《人口原理》 | 人口增长终将致使自然承载能力到达极限 | 悲观主义 |

| 时间 | 经济学家/团体 | 主要观点出处 | 可持续发展的理念 | 对可持续发展态度 |
|---|---|---|---|---|
| 1817 年 | 大卫·李嘉图 | 《政治经济学及赋税原理》 | 由于自然资源的稀缺,经济发展最终必将停滞 | 悲观主义 |
| 1848 年 | 穆勒 | 《政治经济学原理及其在社会哲学上的若干应用》 | 整个来说,静止状态要比我们当前的状态好得多 | 乐观主义 |
| 1865 年 | 杰文斯 | 《煤炭问题:关于国家进步和国内煤炭可能耗竭问题的研究》 | 资源终将耗竭 | 悲观主义 |
| 1890 年 | 马歇尔 | 《经济学原理》 | 土地会永葆生产力,大多数矿藏可能会经历一个按比例的稳定回归 | 乐观主义 |
| 1920 年 | 庇古 | 《福利经济学》 | 如政府采取必要的措施,社会目标可能会实现 | 乐观主义 |
| 1931 年 | 凯恩斯 | 《劝说集》 | 科学技术进步会使一切经济问题得到解决 | 乐观主义 |
| 1973 年 | 加尔布雷斯 | 《经济学与公共目标》 | 政府通过立法手段解决大部分环境问题,人们最终会进入"丰裕世界" | 乐观主义 |
| 1960 年 | 科斯 | 《社会成本问题》 | 产权手段可以解决各种环境问题 | 乐观主义 |
| 1890~1920 年 | 美国保护主义者 | 《人与自然:或,人类活动导致的自然地理变化》等 | "稀缺"是永恒的 | 悲观主义 |
| 1966 年 | 博尔丁 | 《未来宇宙飞船的地球经济学》 | 环境损耗永远存在,经济福利不应以自然资本的损耗为代价 | 悲观主义 |

**续表**

| 时间 | 经济学家/团体 | 主要观点出处 | 可持续发展的理念 | 对可持续发展态度 |
|------|------|------|------|------|
| 1971 年 | 福雷斯特 | 《世界动力学》 | 随着经济的增长和人口数量的增加,人们的生活质量将大幅下降 | 悲观主义 |
| 1972 年 | 罗马俱乐部 | 《增长的极限》 | 不到 22 世纪,经济发展将完全停滞 | 悲观主义 |

## 第二节　西方可持续发展理论的演进特征

尽管当前的西方可持续发展理论派别众多,理论繁杂,单一学派的理论也开始逐渐分化,但是通过上文的分析我们可以了解到,其遵循的理论建构原则是十分清晰的。本节对西方可持续发展理论的演进特征进行归纳和分析,从中可以发现其在演进过程中,始终维护资产阶级利益,以"人类中心主义"为立场,以"西方中心主义"为原则,存在"经济唯物主义"倾向,具有本国利益至上特点和地理范畴外延倾向。

### 一　始终维护资产阶级利益

西方可持续发展理论以追求资产阶级资本扩张为出发点,是维护资产阶级利益的经济理论。原始的财富取决于土地和人的劳动,根据已有的经验和掌握的自然规律进行生产,整个交换过程是平衡的。此时劳动产品属于劳动者,人类自然的生命活动除去生存所需外,是为满足自身精神需求而开展的,是受自主意识支配的、自由的。随着资本主义工业的发展，社会矛盾和经济问题逐渐暴露出来。1825 年，资本主义世界第一次经济危机在英国爆发，自此之后几乎每隔数十年经济危机便会卷土重来。恩格斯曾说过，尽管人类已经对自然比以往了解的多得多，让自然尽可能为人类服务，若运用机器设备，即便是一个孩子能够生产的东西也要比过去一百个成年人多得多，"而结果又怎样呢？过度劳动日益增加，群众日益贫困，每十年发生一次大崩溃"①。资产阶级不断调整经济政策，拆东补西，但总是左支右绌。资本主义社会体制下生产力的不断发展和人们现实的生活状况的恶化的强烈对比暴露了资本主义生产方式和资本主义制度的弊端。生产力愈发展，资本家对工人的剥削愈加严重，工人生活愈加得不到保障。马克思曾认为大量的工人在工厂中进行生产劳动，随着生产力的发展，工人越得不到充分的休息，资本家得到的利润就会越多，"没有劳动时间的缩短和特别的预防措施作为补偿，也是造成生命和健康浪费的原因"②。资本主义生产带来的不仅仅是生命的浪费，还有健康和自由问题。资本主义生产方式下人们被迫接受肮脏不堪的生活环境，逐渐失去了发展的自由，不再有新鲜的空气、明亮的房屋、正常的运动和交往等。

当人类社会由传统的农业和手工业向资本主义大生产过渡后，人类劳动出现异化。在马克思看来，从人的意识到人的生命运动是单向进行的，人是有意识的存在物，因而产生自我的生命运动，而异化劳动将这种关系颠倒过来。它将人变成了只进行运动的机器，而运动的本质也变成了维持自我生存的手段。显然，资本主义生产方式下的异化劳动打破了人类与自然的统一，这种存在不是天然形

---

① 马克思恩格斯文集（第 9 卷）［M］．北京：人民出版社，2009：422.
② 马克思恩格斯文集（第 5 卷）［M］．北京：人民出版社，2009：106.

成的，因此会使人们开始感受到意识或精神世界的不确定性，这一切使得人们对这个世界的真实感受变得不和谐，空气不再清新，房屋不再舒适，精神世界得不到任何满足，一切都是那么的不和谐，特别是人与自然界的不和谐。自此严重的问题产生了，首先是人的自我异化。因为人存在的最终目的演变成了维持个人生存，所有的一切生命运动都将围绕生存进行，人的精神世界变得空白，结果导致人与自我身体的异化。其次是人与自然界异化。人没有时间去享受也享受不到新鲜的空气、鸟语花香、美丽的自然环境。最后是人与劳动产品相对立。随着人类的发展，人们一方面迫切地需要满足自我的物质生活，需要丰富的、精致的生活资料；另一方面，大生产使工厂流水作业生产出的产品又是那么的简单、粗糙、丑陋。既然在资本主义生产方式下，工人生产劳动产品的同时，不仅感受不到精神的愉悦，也达不到与自然界的和谐，甚至工人生产的劳动产品都是与工人相对立的，那么工人生产劳动产品必然是取悦了除工人以外的人。这个除工人以外的人就是资本主义社会中的剥削者——资本家，资本家是这一切的既得利益者，也是这一切的罪魁祸首。

随着资本家对利益的追逐，土地污染等环境问题屡见不鲜，工人的生存状态和身心健康无法改善，甚至随着生产力的发展变得越来越糟。此时，异化劳动已经彻底地把自主活动、自由活动贬低为手段，也就把人类生活变成维持人的肉体生存的手段，长期下去，人类无法实现可持续发展。资本主义生产方式之所以会如此破坏人类社会，其根源在于资本主义生产方式不仅破坏了土地，还损害了工人。资本主义生产方式下，科学技术的迅速发展使资本家越来越快地占有大量财富，相比之下工人阶级则愈加贫困，这便造成人与人异化、人与自然界异化。生产力不仅包括生产工具，还包括劳动者本身。因此，资本主义社会生产力的提高是建立在劳动者痛苦的基础上的。

## 二　以"人类中心主义"为立场

法国哲学家马塞尔说，人类占有自然的方式构成人类的生存方式。"人类中心主义"是人与自然关系的基本规范（丁立群，1997），"人类中心主义"按需求与价值可分成三个层面：一是功利层面；二是生态伦理层面；三是哲学、人类学层面。本书主要涉及功利层面的"人类中心主义"，正是近几个世纪以来"人类中心主义"的功利层面日益膨胀导致人与自然关系急剧恶化。汪信砚（1996）从历史形态划分，将"人类中心主义"的内涵概括为宇宙中心主义、神学人类中心主义和生态人类中心主义。其中的生态人类中心主义与上文中的功利层面的"人类中心主义"异曲同工，其核心论点主张人类的利益居首位，人类的利益是人类处理自身与外部环境关系的根本价值尺度。杨通进（2002）认为环境经济思想中的"人类中心主义"是人只对人负责，人是大自然中唯一具有内在价值的存在物。简单理解就是一切以人为中心或以人为尺度，一切为人服务，一切从人的利益出发（余谋昌，1994）。

"人类中心主义"的主要依据：一是人是最高级的存在物，只有人具有理性；二是其他自然物的存在价值只有依靠人类才能得到体现；三是非人类存在物不存在任何伦理体系，更不具有人类社会的道德规范和约束。"人类中心主义"抽象地对人与自然的关系进行探索，西方可持续发展理论则将这一立场付诸实践。西方可持续发展理论从早期的资本主义时期开始就强烈地反映"人类中心主义"立场，西方经济学家在对可持续发展进行深入研究时，始终坚持的是人类的可持续发展，可持续发展的对象是人类，在此至少有三点是值得注意的：第一，在生物学意义上，人类是特殊的物种，自然界中除了"人"，其余的都可归结为"物"；第二，在心理学层面上，人类是拥有自我意识的，只有人类能够进行自我思考和自我选择，因此，可持续发展只能与人类意志、人类欲望和人类福利产生复杂的因果关系；第三，在哲学层面上，人是具有独立人格的个体，人类在不同的文化中、不同的历史背景下会形成不同的社会关系、社会结构，人类的发展有不同的方向。与"人类中心主义"相对立的是"生物中心主义"（"生态中心主义"），显然，"生物中心主义"更加强调生物性（生态性），即一切生命形式都具有同样的地位，而整个生态系统是一个整体，包括一草一木在内的所有存在物都应得到正向发展，可持续发展应该是整个生态系统的发展，而不单纯是人类自身的发展，其他自然存在物同样值得人类尊重。

## 三 以"西方中心主义"为原则

关于"西方中心主义"的起源和定义，一直没有明确的定论，可以肯定的是，"西方中心主义"是认为西方文化优于、高于非西方文化，认为人类的历史围绕西方文化展开，认为西方文化特征、价值或理想带有某种普遍性，从而代表非西方的未来发展方向的一种倾向。

15 世纪末，"地理大发现"将西方人带到美洲大陆，16 世纪开始，传教士来到东方，在这一时期，东方对西方有着一种神秘的吸引力，因为当时传教士回去之后宣扬的是东方好的一面，比如东方大陆物产丰饶。"西方中心主义"开始出现是在18世纪，西方国家开始对东方实施殖民统治，在17～20世纪，英国的殖民地遍布世界，亚洲的印度和缅甸都是英国的殖民地，英国包括殖民地在内的总领土面积已经达到了3367万平方公里，要知道当时世界各国领土总面积才有1.489亿平方公里，英国的领土面积已经达到了世界的四分之一左右，英国是不折不扣的"日不落帝国"。法国自17世纪开始，逐渐控制了印度的部分地区、越南的部分地区以及老挝，在其巅峰时期，殖民地总面积达到了1234.7万平方公里。同时，它们在殖民地大搞文化蚕食，从语言、习惯上向殖民地人民灌输有关西方优越性的观念，至今大部分殖民地国家仍将英语和法语作为官方用语。中国当时由于清政府的闭关锁国政策，科技等已经逐渐落后于西方，直至1840年，西方用大炮轰开了贫穷落后的中国大门，"西方中心主义"逐渐加速形成。

"西方中心主义"的崛起是伴随着西方社会经济发展而来的，尤其是历次改变世界的工业革命都是发端于西方世界，这些都给了西方足够的自信来蔑视世界上的落后文化、落后国家。郑家昊（2022）认为"西方中心主义"和"历史虚无主义"实际上是一体两面，西方以自我为中心，对待他人采取忽视、忽略的态度。这是对世界多元文明与文化的否定，西方文明并非世界文明，西方的价值观也并非世界的价值观，西方可持续发展理论中没有提及东方文明和东方国家。冷战时期是"西方中心主义"的高峰，以美国为首的西方资本主义阵营坚决打击制裁以苏联为首的社会主义阵营，不断挑衅，制造舆论攻击社会主义。他们认为只有西方的发展才是人类正确的发展方向，只有西方的现代化才是真正的现代化。此外，美国对苏联大搞历史虚无主义，抹杀苏联人民的信仰，向其灌输西方"普世价值"观念。

## 四 存在"经济唯物主义"倾向

"经济唯物主义"又称"经济决定论"，1890 年，德国资产阶级学者保尔·巴尔特在《黑格尔和包括马克思及哈特曼在内的黑格尔派的历史哲学》一书中首次提出"经济唯物主义"。在这本书中，巴尔特把"历史唯物主义"歪曲为"经济唯物主义"。马克思逝世之后，第二国际将"历史唯物主义"解读成"经济唯物主义"并广泛传播；在这之后，经过李凯尔特、俄国经济派、波普尔、柯林伍德、哈贝马斯等学者的不断演绎，"经济唯物主义"逐渐发展壮大。

"经济唯物主义"的观点是对马克思历史唯物主义的曲解，错误地将"经济基础决定上层建筑"的原理理解为"经济斗争有首要意义"，把经济因素作为社会历史发展的唯一决定要素，机械化、绝对化地对待经济因素与非经济因素的关系，缺乏辩证思维，忽视乃至否定非经济因素在历史进程中的作用。"经济唯物主义"把经济因素作为社会历史的唯一决定性因素，而政治、文化、道德、宗教等都可以还原为经济现象，依附于逻辑推理和演绎而忽视对历史与现实关系的认知。简单地理解其主要的观点，包括：第一，把经济看作社会发展中唯一起作用的因素，否认政治、思想、理论等在发展中的作用；第二，认为新社会会自然而然地随着经济的发展而产生，不需要革命斗争；第三，简单地用经济因素的自动作用解释复杂的社会现象和历史发展进程。

西方可持续发展理论存在"经济唯物主义"倾向的主要表现有两个。首先，纵观不同阶段的理论产生背景，我们可以清晰地发现经济因素在理论形成中的强大推动作用。在可持续发展理论的萌芽阶段，"圈地运动"将规模庞大的农业人口推向工业生产部门，工业得以迅速发展；在可持续发展理论的初探阶段，伴随着第一次工业革命的展开，机器生产广泛替代了手工业生产，蒸汽时代到来；在可持续发展理论的发展阶段，伴随着第二次工业革命的展开，电气时代到来；在可持续发展理论的深化阶段与现代化发展阶段，受第三次工业革命的积极推动，信息时代到来。

其次，经济活动研究是西方可持续发展理论的主要内容。西方可持续发展理论的演进与资本主义的发展结合得十分紧密，对于资产阶级而言，经济利益最大化是其追求的目标，而对工人而言，被剥削压迫的日子没有尽头，单单为了最基本的生存，就必须每天工作十五个小时或者更多的时间，自然没有太多的自由时间去关注其他非经济活动。对于任何一个处在饥饿边缘的人，"吃"的问题都是第一要务。因此，在资本主义社会中，经济能够主宰人类是再平常不过的事情。

## 五 具有本国利益至上特点

西方学者对可持续发展的研究解读也体现了对国家经济发展的追求。对于国家的可持续发展来说，实现国家经济的长远增长是主要的研究目标，与此同时，牺牲他国的经济利益和他国的可持续发展是可以接受的。换言之，本国利益至上。因此，只要国家存在，那么国家的利益就存在，西方可持续发展理论始终具有"本国利益至上"的特征。

通过对西方可持续发展理论的梳理可以发现，就古典经济学的古典理想主义者亚当·斯密而言，其著名的《国民财富的性质和原因的研究》就是讨论如何增加国家的财富、最终实现富国裕民；对于马尔萨斯而言，国民财富的增加是无法增加国民的幸福度的，因为他注意到了国家的人口在迅速增加，食物变得短缺，因此，他对国家的发展抱有十分消极的态度；在李嘉图的理论中隐藏着这样的观念：由于自然资源的稀缺，人口增长将不可避免地使经济发展终结，国家为了追求自身的利益，不断扩张殖民地，掠夺土地资源、矿产资源，并且抑制人口的增长。边际效用学派从主观的层面探讨人类意志、人类欲望和人类福利对人类可持续发展的影响，门格尔曾说，一国的居民如果在寒冬到来之前没有准备好过冬的食物和衣物，那么他们只能选择逃亡或死亡。宇宙飞船经济模型和世界模型所强调的全球视野只是理论的表象，其理论的本质依然是维护西方国家的利益，是在本国的经济发展后积极打压他国经济的发展。表6-4是西方可持续发展理论代表人物的国籍。

表 6-4　西方可持续发展理论代表人物国籍

| 可持续发展理论 | 代表学者 | 代表学者国籍 |
|---|---|---|
| 古典理想主义 | 亚当·斯密 | 英国 |
| 古典现实主义 | 托马斯·马尔萨斯 | 英国 |
| | 大卫·李嘉图 | 英国 |
| 自然和谐论 | 约翰·斯图亚特·穆勒 | 英国 |
| 自然资源商品创造论 | 威廉·斯坦利·杰文斯 | 英国 |
| | 卡尔·门格尔 | 奥地利 |
| | 欧根·冯·庞巴维克 | 奥地利 |
| | 弗里德里希·冯·维塞尔 | 奥地利 |
| | 莱昂·瓦尔拉斯 | 法国 |
| 庇古税方案 | 阿瑟·C.庇古 | 英国 |
| 公共目标理论 | 约翰·肯尼斯·加尔布雷斯 | 英国 |
| 凯恩斯的未来观 | 约翰·梅纳德·凯恩斯 | 英国 |
| 科斯产权方法 | 罗纳德·哈利·科斯 | 美国 |
| 宇宙飞船经济模型 | 肯尼思·艾瓦特·博尔丁 | 英国 |

| 可持续发展理论 | 代表学者 | 代表学者国籍 |
| --- | --- | --- |
| 世界模型Ⅰ、Ⅱ | 杰·怀特·福雷斯特 | 美国 |
| 世界模型Ⅲ | 丹尼斯·米都斯 | 美国 |
| 循环经济理论 | 大卫·威廉·皮尔斯 | 英国 |

## 六 具有地理范畴外延倾向

西方可持续发展理论具有一个十分显著的特点，那就是具有逐渐外扩的地理范畴，这与科学技术的发展是分不开的。

在西方可持续发展理论的演进过程中，早期的重商主义者和重农主义者的研究地理视野仅限于一国，无论是霍尼克、魁奈还是杜尔哥，他们的经济理论都聚焦于一国的发展。到了古典经济学时期，在斯密的理论格局中，开始出现境内与境外之分，这时的可持续发展研究视野从一国外扩至欧洲乃至北美洲。到了马尔萨斯、李嘉图及边际效用学派那里，视野已经完全突破了一国，世界作为一个整体的概念在他们的研究中不断被加深。第二次世界大战爆发后，世界作为一个整体迅速成为经济学家们的研究对象，再单纯地讨论一个国家或一个地区的可持续发展是既不现实也不全面的。随着第三次工业革命的到来，到了20世纪下半叶，人们第一次看到从宇宙中拍摄到的地球的照片，可持续发展的现代化研究视角随即扩展至宇宙。近年来，太阳能、潮汐能等清洁能源在可持续发展实践中的推广和应用也印证了这一事实。虽然我们不知道未来西方可持续发展理论的研究空间范畴最终会是什么，但是其空间范畴必将更加宏大。

## 第三节　关于西方可持续发展理论及其演进的思考

### 一　西方可持续发展理论的价值与缺陷

西方可持续发展理论是具有一定价值的。首先，西方经济学家能够敏锐观察生活，他们对周围自然环境和社会环境能够进行细致入微的观察和思考，并从相关经济现象和一些棘手的经济学难题入手，建立起较为完整的可持续发展理论的内在逻辑，其整个思考的过程是值得我们参考的。其次，在早期优秀的理论成果和思想结晶基础上不断转化与创新，推动了世界科学技术的发展，让人们更加全面清晰地了解世界，运用经济学分析来研究设计出解决当时社会问题的良策。最后，当今很多有关可持续发展的讨论都有赖于古典经济学以及早期的其他经济学理论。然而，西方的可持续发展理论虽然从不同的问题出发（人口、土地、资源、环境等）、从不同的角度（或乐观主义或悲观主义）出发、用不同的处理方法（成本-收益分析、预防性立法、财政手段、产权方法或数学模型）探寻社会矛盾的产生源头，但始终未触及环境问题产生的本质原因，其核心问题在于其内在具有更深层次的本质缺陷，即无视了以追求剩余价值最大化为根本目的的资本主义生产方式把自然资源改造成剥削的工具和手段，导致严重的环境问题，进而造成人与自然关系的紧张。

西方经济学家试图通过他们的生活经验和感受、对当时社会的了解来建立起一套代表他们阶级的理论，通过很多大胆猜想和假设，对未来社会的可持续发展做出自己的预判。由此形成了诸多分析方法和工具，如产权分析、成本-收益分析等，这些分析方法具有普遍适用性，在分析中国实际环境问题时值得借鉴。但是，这些理论和方法没有全面、理性、客观地研究发展的终极目标，或者说并未全面地考虑社会上各个阶层的所有人，没有建立辩证唯物主义的环境观，未揭示人与自然之间的真实关系，无法从本质上探究可持续发展的意义、价值以及人类的福利问题，这是西方可持续发展理论的致命缺陷。

古典经济学中古典理想主义与古典现实主义的可持续发展思想更多的是为后人的研究提供一个方向，而基于主观价值论的可持续发展理论则是沿着与古典经济学对立的路径，颠覆了以往根据生产、供给和成本而讨论的价值以及建立在此之上的价格。他们论证了价格是由消费、需求和效用决定的，以边际效用理论为基础，将人类的欲望和资源联系起来，开辟出了一个新的经济理论研究视角。在此将着重分析 20 世纪以来环境干预主义可持续发展理论、市场环境主义可持续发展理论以及基于自然循环的可持续发展理论的缺陷。

### （一）处理外部性问题上的缺陷

在西方可持续发展理论的演进中，对于处理环境外部性的手段，一直延续至今的两条路径是庇古税方案和科斯产权方法。然而，两种方法都具有相应的局限性。

首先，关于庇古税方案，虽然它鼓励政府对环境外部性问题采取财政手段，但是财政手段并不是万能的，仅依赖庇古税方案而彻底放弃直接控制的方法是不切实际的。很多环境问题是阶段性或暂时性的，若从管理环节上看，依靠税收来调节这些问题反而会使问题变得更复杂。如果利用直接控制的方法，则可能会更加高效。而且庇古税方案还会引发不公正的问题。因为政府是决定税收的主体，一般情况下，政府会根据能源的使用和消耗量来确定各种税的比例。以能源为例，若以能源消耗量来计算污染税，显然对于煤炭这种基本的能源，穷人消耗的总量会多于富人，污染税就会打击穷人。穷人为了取暖和照明，要比富人付出更大比例的收入去支付这些税。生活比较拮据的人会依赖煤炭取暖，而富人则会使用相对洁净的天然气之类的能源。庇古税方案还有可能带来非常不利的经济后果：一个国家如果对能源使用增加税收，就会增加企业的成本，使得企业在国际市场上失去竞争力，收税必须要在全球同步进行才不会影响个别国家企业的竞争力，显然这是很难实现的。国家的决定虽然缓解了环境的普遍污染和资源耗竭的问题，同时也给国家带来了大量收入，但是这个决策者是否可信、所征收的税款是否会用于增加民众及其后代的利益是难以确定的。

其次，科斯产权方法也存在一定的弊端，一旦牵涉相关方极多，产权关系就相对模糊，其中的利害关系也会非常复杂，得到一个让所有人满意的结果并不容易。科斯定理也受到了广泛的批评，因为一旦参与其中的人员数量庞大，那么最后协商的成本将会非常高，其结果也不一定令人满意。比如，一个人使用了大量的杀虫剂或其他有害的化学物质，这些有害的化学物质随着风、河流影响周围几个村落成百上千户家庭；又比如酸雨、温室效应等都是不受地域限制的，会影响到多个国家或者全球。因此，在诸如这样的案例中，让污染者与被污染者去厘清产权问题从而达成协议几乎是不可能的。此外，当前很多的问题并不是我们这一代人可以解决的，对未来人们的影响又该如何去划分产权关系呢？其中还有一个问题，若制造烟尘的工厂由于侵害了周围居民的权利，在工厂不搬走的前提下，给了周围居民一大笔丰厚的补偿，那么在这种补偿性的奖励下，没有人愿意离开，他们会接受工厂的存在。实际上，补偿款给了这种妨害效果一种外部效应，会使越来越多的人来到工厂附近居住，那么最后是不是又需要对工厂周围过多、过密集的人口强行征收税费？所以，科斯产权方法有时会形成一种反向激励效果。

**（二）基于自然循环的可持续发展理论的缺陷**

在博尔丁的宇宙飞船经济模型提出后，人们围绕着这一中心理念建构出了不同的模型，试图将古典的稀缺观与当代的环境污染、资源耗竭问题和以技术为导向的资本积累相结合，应用现代计算机构建模型，去模拟并解决复杂而棘手的社会发展问题，但是从理论模型的分析和结论来看，这种方法存在着诸多的缺陷。

首先，博尔丁的宇宙飞船经济体系认为生产的是消费品或者废弃物，但事实上，在经济系统中，并不是所有的消费品最后都变成了废弃物，如铁矿石最后会以房子的梁柱、铁锤、铁轨等形式存在上百年之久，是可以长期完好无损地被保存的。同时，地球具有自净能力，关于废弃物问题，在给定的时间范围内，废弃物是可以被自然分解进而循环掉的。因此，博尔丁所描绘的经济活动不完全符合实际。

其次，福雷斯特-米都斯模型存在数据问题，数据大概率不充分并且不准确。模型中的大多数信息都是 1900~1970 年的数据，而且数据的准确性无法保证，同时包括人类和自然环境在内的关键变量的关系也是无从知晓的。即便数据都是准确的，也只是代表这个时期的情况，没有普遍适用性，只是在特定的阶段、用特定的数据做的一个推演。我们无法知道未来，更无法根据过去去推演未来。

再次，计算机对世界的模拟往往会对世界不加区分。我们生存的世界不同地区是极为不同的，每个地区的人口增长、经济发展水平、资源消耗等都不同。虽然在发达国家人口基本保持稳定，但是在一些发展中国家，单单是人口一个变量就会让模型崩溃。而且在模型中，自然资源大多被划进不可再生资源范畴，但实际上资源本身也是千差万别的，很多矿藏资源是可以循环利用的，而在计算机的模型中，许多的差别都被抹杀了。

最后，模型忽视了人类对新技术的开发和应用，人类每次大的发展都源自科学技术的突飞猛进。几百年的时间里，人类的发展速度让人瞠目结舌，已然超过过去几千年的发展。人类现在享有的一切，仅仅在 100 年前也是无法想象的。现今人们开始对很多可再生能源进行研究，技术上也有了较大的飞跃，各种新能源已经开始应用于社会生产生活中，如潮汐能、太阳能和风能等都是既清洁又可再生的。表 6-5 是对上述各理论缺陷的总结。

表 6-5　可持续发展理论缺陷

| 可持续发展理论 | 缺陷 |
| --- | --- |
| 庇古税方案 | 很多环境问题可能是阶段性的或暂时的,若从管理环节上看,依靠税收来调节这些问题反而会使问题变得更复杂,还会引发不公正的问题;决策者是否可信、所征税款是否会用于增加民众及其后代的利益也值得怀疑 |
| 科斯产权方法 | 一旦牵涉主体数量极多,产权关系就相对模糊,其中的利害关系也会非常复杂;当前很多的问题并不是我们这一代人可以解决的,对未来的人们该如何去划分产权关系是一个问题;有时会形成一种反向激励效果 |

续表

| 可持续发展理论 | 缺陷 |
|---|---|
| 宇宙飞船经济模型 | 并不是所有的消费品最后都变成了废弃物,废弃物是可以被回收分解进而循环掉的 |
| 福雷斯特-米都斯模型 | 数据大概率不充分并且不准确;模型没有普遍适用性,只是在特定的阶段、特定的数据下的一个推演;计算机对世界的模拟往往会对世界不同地区不加区分;忽视了人类对新技术的开发和应用 |

## 二　马克思经济学的人与自然思想及与西方可持续发展理论的对比

为了深入理解西方可持续发展理论,下面将从马克思经济学视角对西方可持续发展理论进行对比研究,主要从生活资料供给限度、自然资源开发水平和社会经济发展趋向三个不同的维度对西方可持续发展理论进行剖析。

### (一) 马克思经济学的人与自然思想

马克思生活在 19 世纪的西方资本主义国家,那时的工业革命正在如火如荼展开,尽管工业革命为很多人提升了生活水准,并为部分人创造了巨大财富,但是,工业革命也是工人阶级的炼狱。马克思注意到,工人们每天经过漫长的劳作后,收到的却是微薄的薪水,妇女和儿童也被迫参与劳动,劳动条件又是如此差,因此,他的著作饱含对受压迫大众的同情。马克思经济学可持续发展的思想包含了马克思和恩格斯对可持续发展的理论研究,其内核是人类与自然关系。

一是人类在自然界中的双重属性。人客观存在于自然界,具有普遍性和特殊性,马克思指出人是自然存在的。人直接地在自然中生存，人是有生命的自然存在物，而人需要靠自然界才能生存。正如马克思所论述的，人类生命生于自然是客观事实。肉体层面，人是自然存在的，首先表现为人是能动的、有生命力的、有肉体的存在物。同自然界中所有生命体一样，人靠自然界生活。这也反映出人是受自然限制的，具有自然依赖性。精神层面，人是自然存在的，人的精神并不高于自然。马克思解释了人类的精神世界来源，其来源于自然界，自然的一草一木正是人类的意识源泉。恩格斯认为神、宗教等是自然力人格化的表现，也是基于自然界衍生而来。因此，人的思维的本质和基础是自然，人类活动所引起的各种变化、一切宗教和信仰都来源于人对自然的未知和崇敬，在人未了解和掌握自然规律前，更多的是将自然力进行人格化，虚构出神。因此，无论在肉体层面还是精神层面，人彻彻底底是自然的人，人是真实的自然界的产物。由此，我们应该清醒地认识到，全人类的生存和发展都与自然界休戚相关。

人作为自然存在物，在自身以外有对象性的存在，自然界通常作为人的劳动对象和劳动资料出现，没有自然界，人什么也不能创造。人是自然界的一部分，却又区别于人以外的自然界，具有特殊性。人类之所以与一般自然物区别开来，是源于人类所表现出的生命力和自主能动性，人类能通过生产对自然资源进行再加工。人与动物的根本区别就在于动物进行的是无意识的正常运动，而人类则是根据自己的意识进行自主性的活动，正是由于这种特殊性，马克思也称人类为类存在物。

二是自然规律与人类发展相互作用，人类征服自然源于对自然规律的掌握。劳动是人类生存的手段，最初人们只进行简单的劳动来满足自身的生存需要，渐渐地，简单生产已经无法满足自身更多的要求，人开始通过掌握自然规律来提高生产力。马克思认为土地的产能是无限的，只要人类能正确地运用和支配自然力，那么土地可以永葆生产力。而除去资本的增加和人口的增长，科学地应用自然力是生产力提高的决定性因素。正是由于在工业生产的过程中将自然力融入了进去，生产力才大大地提高了。随着科学技术的发展，大规模的工业生产逐渐普及，人类通过工业生产对自然界打下了烙印，人与自然之间的原始状态被打破，人们认为人类正在逐步"征服自然"。恩格斯劝说人们不要过分陶醉于对自然界的胜利，人类对自然的支配源于人类"能够认识和正确运用自然规律"，也就是说人类对自然界的"征服"是通过认识和了解自然规律进行的，人类依赖自然，同时也在改造自然。同时，这仅是从认识自然规律到改变自然物质运动方式，人类不能够脱离自然创造物质和规律，所谓的"征服自然"可能会带来自然界的报复。

马克思经济学的可持续发展理论的核心是人与自然关系思想，人与自然的基本关系是既普遍又特殊、既相互联系又相互作用的，人类发展的核心问题是掌握自然规律发展生产力。马克思通过对人类与自然的相关研究指出，人类属于自然界，人类是自然界的一部分，但是人类的本质只有在社会中才能体现出来，只有社会中的人才是合乎人性的存在，社会将人与自然真正地统一了起来。因此，对人与自然关系的相关分析无非是对人类社会历史的研究，早期人与自然的关系都属于相对原始的范畴，人类对自然规律的掌握十分有限，对自然的影响较小，人类与自然和谐共生。18世纪，伴随着工业革命的开始，西方一些国家进入资本主义社会，人类对自然力的掌握能力飞速提升，科学技术推动社会日新月异地发展。然而，人类社会的发展，自然也在相应地改变并且以各种方式影响人类社会。

三是人与自然在发展中的辩证关系。劳动作为媒介使人与自然互相影响。人是类存在物，而人类的生活是类生活，人类正是在改造对象世界的过程中，才真正地证明自己是类存在物。因此，劳动才是人的类本质，是人成为类存在物的关键。正是因为有了劳动，人与自然之间才建立了联系，从而形成了人类世界的历史。因此，正因为人类能进行有意识的劳动生产创造，人才与除人类以外的自然界区分开来，因而劳动才是真正意义上联系人与自然的媒介，劳动使人与动物区分开来。从更广泛意义上的生产出发，劳动作为生产的主要要素，是"财富的源泉"。

劳动生产在沟通人与自然的同时也使人与自然互相影响。首先，人影响着自然。人类的自然属性之一——"欲望"使人类进行有目的的劳动生产，人类通过所做出的改变来使自然界为自己的目的服务。其次，自然也在影响着人类。人创造环境，同样，环境也创造人。恩格斯认为，如果人类自作聪明地认为已经征服了自然，那么自然也会对人类进行报复，科学和创造性只是人类使用自然力的一种方式，与"征服自然"无关。因此，人改变自然为自己创造生存条件，自然条件也决定着人的发展历程，人与自然之间是相互作用的。对这种作用也不能片面地认为是好或者坏，人与自然之间既存在"斗争"，也存在和谐，人类尊重自然、了解自然，但不"屈服"于自然。

马克思认为工人阶级被资本家不断地压榨，进行生产劳作，得不到休息，陷于赤贫并受各种疾病折磨，异化劳动使人逐渐傀儡化，沦为生产的工具，工人生活十分悲惨。一切的起因是人与自然的异化，只有将劳动产品完全归还给劳动者，人自身才能成为统治人的力量，人与人、人与自然才能回归和谐、统一。无产阶级劳动者要想改变现状，只有进行革命，彻底推翻资本主义制度。马克思经济学的相关理论通过对比资本主义制度和社会主义制度，强调人应该积极探究自然，掌握自然规律，发展科学技术。科学技术的发展是人类进步的动力，消除异化劳动的前提是极大地提高生产力。因此，人类社会的发展进步需要人们积极努力探究自然，最终实现可持续发展。马克思经济学的人与自然思想内涵与可持续发展实现路径如表6-6所示。

表6-6　马克思经济学的人与自然思想内涵与可持续发展实现路径

| 思想内涵 | 可持续发展实现路径 |
|---|---|
| 人类在自然界中具有双重属性，肉体层面和精神层面都表征着人是自然存在的 | 只有进行革命，彻底推翻资本主义制度，消除异化劳动，积极探究自然，掌握更多的自然规律，发展科学技术，发展生产力，最终才能实现可持续发展 |
| 自然规律与人类发展是相互作用的，人类征服自然源于对自然规律的掌握 | |
| 劳动是人与自然沟通的媒介，人与自然相互影响 | |

## （二）马克思经济学人与自然思想与西方可持续发展理论的对比分析

西方可持续发展理论主要的研究内容是资源稀缺性和环境外部性问题，资源稀缺性涉及生产资料和生活资料，因此，下面将首先从生活资料的供给限度方面，其次从自然资源的开发水平方面对比二者理论的差别。无论是生产资料还是生活资料，最终服务的都是人以及人类社会，因此，最后从社会经济发展趋向这一层面总结二者的差异性。

首先是生活资料供给限度。关于供给限度的问题，西方经济学家一直在谈论的都是自然资源最终是否能跟上人口增长的速度。而关于人口增长，不少西方经济学家认为人口将无限增长下去，如马尔萨斯提到的每25年人口增长一倍，由此，他对人类的可持续发展产生了质疑。尽管人口随着社会的发展在不停地增长，但是人口增长受到控制是可能的。恩格斯在《政治经济学批判大纲》中批判了马尔萨斯观点，他强调人类是会接受教育的，人类是有道德性的，到了一定的程度，人类是会进行自我约束和控制的。人类区别于动物的主要原因是主观能动性，会在特定的时候采取措施限制自我的生殖本能。

马克思曾通过对生产方式的分析对人口问题进行了解释说明，在马克思看来，不能脱离阶级谈人口，否则就会将人口抽象化。在不同的生产方式下，人口的增长规律是不同的，总人口中的过剩人口也就会有差别，过剩人口一般属于赤贫的人口，这些人被剥夺了生产资料，只能成为雇佣工人，使用自己的劳动力。马克思经济学的人口增长规律是这样的：在资本主义社会，生产力得到了极大的发展，过剩人口的增长是生产力发展的结果，人口增加和人口过剩都是由历史的生产方式决定的。马尔萨斯认为资本主义的人口增长规律则是两个自然繁殖：一个是人口的自然繁殖，另一个是生活资料的自然繁殖，这就将人口增长这样非常复杂的问题简化为人口和生活资料之间的关系问题。马克思认为这纯粹是凭空捏造，既没有自然规律作根据，也没有历史规律作根据，似乎在人的繁殖和谷物的繁殖之间没有天然的差别。同时，马克思还认为人口的增长是纯自然过程，它需要外部的限制，才不会按几何级数增长下去。马克思认为，在资本主义的生产方式下，过剩人口带来的赤贫是特殊现象，不具有代表性，并不能代表人类的最终人口走向。资本要进行剥削，一方面，工人的剩余价值极大地被剥削而造成了赤贫和失业等悲惨情形。另一方面，自然资源被无休止地开采，造成贫瘠，最终自然资源并没有到达广大人民群众的手里，而是流向了资本家，对于广大的过剩人口，供给自然地达到了限度。马克思揭示了资本主义生产方式是如何对人口进行调节和利用的，揭穿了资本主义的"人口过剩"神话。

其次是自然资源开发水平。关于自然资源的开发，在马克思所处的时代，他更多的是对土地资源的关注。第一，他提出地租不高是自然资源提取部门的总特点这一观点，原因有以下两个：一是人们通常会认为在自然资源提取部门，生产是相对容易的；二是开采者之间存在竞争，这导致开采出来的自然资源会被以很便宜的价格出售，其结果就是矿产拥有者以矿产资源地租形式获取的利益并不代表真实的剩余价值。第二，马克思持有这样的观点：在以自然资源为基础的生产部门中，不存在收益按比例递减的情况。原因一是科学和技术的进步会解决自然资源提取部门所面临的大部分的问题，比如因为农业技术的进步，贫瘠的土壤可以转化为有生产力的土地。随着自然资源提取技术的发展，难以开采的矿藏可能被开发。原因二是交通方式的进步，随着交通方式的发展，更好的土壤和更富饶的矿藏都能够快速地投入使用。第三，制度变革能够发展生产。在李嘉图的观念里，农产品的价值决定了土地的租金，所以土地的收益率就代表着土地的优劣，也就意味着土地所有者所拥有的超额利润的多寡即超额剩余价值的多寡决定了地租的差别。但是，马克思认为级差地租产生的原因在于土壤质量的差异，土壤质量取决于土壤肥力的好坏，肥力并不完全取决于自然，制度的变化会导致肥力的变化，例如资本主义生产方式可能会使得土质恶化。在《资本论》第一卷里，马克思提出，资本主义农业中的进步，不仅掠夺了劳动者的剩余价值，而且还因为不顾一切的开发而劫掠了土壤的肥力。因此，资本主义生产方式发展了社会生产过程的技术，只是由于它同时破坏了一切财富的源泉——土地和劳动。因此，按照马克思经济学的理论，资本主义对环境和劳动者来说都是破坏性的。马克思把诸如土地等自然资源视为大自然的馈赠，即使没有任何劳动成本，它也具有重要的交换价值。根据马克思的思想，存在四种可能的地租理论，即垄断地租理论、级差地租理论、资本地租理论和马克思自己的地租理论。马克思划分的四种地租理论如表6-7所示。

**表 6-7　马克思划分的四种地租理论**

| 地租理论 | 地租来源 | 具体分析 |
|---|---|---|
| 垄断地租理论 | 农业商品的垄断价格和土地产权的垄断价格 | 农产品的价格比其价值高,因为这里需求大于供给。这是收益递减规律造成的,因此供给跟不上需求 |
| 级差地租理论 | 土地肥力变化 | 级差地租产生的原因在于土壤质量的差异,土壤质量取决于土壤肥力的好坏,肥力并不完全取决于自然,制度的变化会导致肥力的变化,如资本主义生产方式可能会使得土质恶化 |
| 资本地租理论 | 土地上投入资本的多少 | 地租和用于提高生产力的资本投入的利润有联系 |
| 马克思地租理论 | 土地私有制 | 地租是剩余价值的一种形态,竞争为产品创造了单一价格,这与土地的肥力了无关系。如果因为资本家自己还有肥沃的土地,市场价格被证明有利于资本家,那么他将获得高于平均利润率的剩余价值。这就是说,花较低的生产成本,获得较多的剩余价值 |

最后是社会经济发展趋向。马克思经济学的可持续发展理论包含重要的社会经济发展理论，马克思认为社会经济是在持续资本积累的过程中不断发展的，也就是说积累是剩余价值向资本的转化过程，劳动可以获得基本生活资料，在资本主义生产方式下，资本家为了让工人有可以维持其身体机能和再生产的能力，会支付仅够工人维持生计的工资，将剩余的利润进行资本积累，供其消费和再投资。为了追求积累率的不断提高，且资本家不想制约自身的消费，他们不断提高工人劳动强度，增加工人的劳动时间以及不断降低工人的工作环境标准和生活条件。同时，工人们除了接受资本家开列的工资和劳动条件外，别无选择。原因在于，第一，由于"圈地运动"将农民从农村驱逐到城市，他们失去了别的生活前景。第二，工人的数量如此庞大，以至于他们为工作机会而互相竞争。马克思表明，基于众多原因，资本主义生产方式是不可持续的。由于工人被剥夺了剩余价值而缺乏购买力，生产的扩大必定导致供过于求。生产将被削减，失业会加剧，剩余价值即利润将衰减，从而让经济扩张暂时停顿下来。在剩余商品售罄后，这个制度又开始运转，直到下一次危机降临。长远看来，随着资本主义的发展，繁荣和萧条是相生相伴的过程，危机将变得更加严峻而不可收拾。马克思对经济危机的思考是与古典经济学绝对不同的。其一，马克思认为经济危机是资本主义发展中固有的，并非人口增长、土地收益率递减的结果。其二，经济危机不断地爆发，致使很多小企业和手工业破产，在经济周期中，越来越多的财富聚集到少数人和少数集团手中。小企业主和手工业者无法生存，因而加入工人阶级行列。工人的队伍壮大后，劳动力增加的同时技术也在进步，最终导致工人的工作机会越来越少。

资本主义社会将会反复出现经济危机直至崩溃。马克思认为只有进行革命、彻底推翻资本主义制度,才能克服经济危机,社会才会正向有序发展。

除了在以上三个方面具有的差别外,马克思经济学可持续发展理论与西方可持续发展理论还在其他诸多方面有着较大的差别。首先,研究对象不同。马克思经济学的研究对象为广大的无产阶级,而西方可持续发展理论的研究对象为资产阶级。其次,研究的角度不同,马克思经济学的可持续发展理论从始至终围绕着人与自然之间的和谐发展展开,从人类在自然中的属性、人与自然的相互作用和人与自然的关系去探讨实现可持续发展的路径;而西方可持续发展理论则是随着资产阶级认知变化不断地改变研究视角,分阶段分问题地对实现人类社会的永续发展进行分析,古典经济学时期主要以财富的增长为目标,近现代时期则从需求入手,探讨人类的欲望满足,进入当代后则多从分配的角度,利用各种方法、制度考虑资源的配置。最后,研究方法不同。马克思经济学的可持续发展理论是通过对人类社会与自然的观察,从理论层面对可持续发展问题进行总结;而西方可持续发展理论则多从应用的角度提出解决环境问题的具体方法和手段。马克思经济学的可持续发展理论与西方可持续发展理论的对比如表6-8所示。

**表6-8　马克思经济学的可持续发展理论与西方可持续发展理论的对比**

| 研究的问题 | 西方学者观点 | 马克思恩格斯的观点 |
| --- | --- | --- |
| 人口问题 | 人口将无限增长下去 | 不能脱离阶级谈论人口,这样就会将人口进行抽象化。而阶级的划分要依据不同的因素,因此,在不同的生产方式下,人口的增长规律就会不同 |

| 研究的问题 | 西方学者观点 | 马克思恩格斯的观点 |
|---|---|---|
| 土地资源 | 土地会出现逐渐明显的收益递减 | 在以自然资源为基础的生产部门中,不存在收益按比例递减的情况。未来,富足可能比稀缺更真实 |
| 社会制度 | 资本主义社会 | 共产主义社会 |

因此,通过对二者的比较,笔者认为,马克思经济学的可持续发展理论更具客观性、科学性和代表性。它从根源上指出西方可持续发展理论的本质缺陷,将资本主义生产方式视为破坏人类生存发展的根本原因,一语道破西方资本主义社会的症结所在,揭开了西方学者为资本主义巧言辩护的虚假面纱,马克思经济学的可持续发展理论为人类可持续发展指引了方向。

### 三　西方可持续发展理论演进中的逻辑缺失

西方可持续发展理论的演进并不是连贯的。在最初的重商主义和重农主义时期,重商主义是第一个系统的经济思想,重商主义的学说和政策成为国家的强大工具,为随后的产业和商业发展打下了坚实的基础,重商主义者对人口的态度是积极的,他们认为人口的增长有助于劳动力市场的扩大,人口数量代表了一个国家的经济实力,而由于认知的限制,他们认为自然资源也是无限的。诚然,重农主义者给予土地以特殊的地位,认为一切的财富和经济都完全建立在土地这一终极自然资源之上,不是黄金而是土地才是财富的源泉,只有农业能够创造剩余产品,"自然秩序"不应当受到政府或者任何其他强大组织集团的干扰。但是,将一个国家或者社会的经济发展和前途命运都系于土地之上,未免过于局限。

在早期的资本主义时期，经济学家对人类的发展问题仅持有单一发展观，随着资本主义的逐渐发展，可持续发展理念开始了最初探讨阶段。在此阶段，可持续发展理念逐渐走入人们视野，相对地就产生了两种截然不同的观念：可持续观念和不可持续观念。亚当·斯密持可持续观念，对人类未来的发展非常乐观，这大体受到当时制造业、农业和采掘业稳步发展的影响。但是，他的自由放任学说可能会导致环境的严重破坏。而马尔萨斯对斯密这种乐观的态度产生了深深的担忧，他认为人口增长是一个难题。但人口过度增长也并未成为现实，因为，现实生活中随着生活水平的提高，人们受教育的程度普遍提高，人们会改变看法，他们并不热衷于孩子的数量，而是更在乎孩子的生活质量和教育等因素，这就导致人口水平会相对比较稳定。李嘉图理论中明确包含了不可持续的观念，认为由于自然资源的稀缺，经济发展必将停滞。但是他忽略了技术创新带来的对资源的更深层次的利用，以及贸易通商等机会的增加，还有对新的自然资源开采的影响。在这一阶段，由于社会的快速发展，经济学家们逐渐开始对人类未来福利担忧起来，但是，无论从哪一个角度来说，其研究并不全面也不深刻，都流于意识层面，但是，其仍对后来相关理论的产生具有现实指导意义和推动性。

随着边际革命的开始，可持续发展理论在传统经济学中也逐渐进入休眠状态。这一阶段是工业革命如火如荼进行的时期，也是经济发展的飞跃时期，更是全球范围内环境污染和资源消耗严重的时期。在新古典时期，经济学家们将更多的注意力集中在需求与效用上，关于可持续发展问题他们很少提及，对可持续发展理论缄口不提。在该阶段，经济发展高于一切，所有的政策措施更多的是为经济发展服务，从而导致更多的贫困和污染产生。第二次世界大战后，可耗竭资源大幅减少，工业发展过程中导致的污染和生态破坏触目惊心。正是此时，边际效用学派以自然价值为可持续发展理论的研究基础，以人类欲望为研究对象，分析人类福利即人类的可持续发展问题的特点使其赢得了更多的支持者。随后，西方社会越来越多的人开始意识到经济发展和环境保护的平衡才是人类可持续发展的正道。新制度经济学认为通过协商，可以制定出一个合理的环境损害标准，但是这种协商无论从理论上还是从实践上讲都是很难令人信服的。怎么确定产权？一旦涉及代际公平问题，谁又能代表后代呢？无论是宇宙飞船经济模型，还是福雷斯特－米都斯模型，都基本停留在假设情况下，缺乏必要的事实经验依据，它们最大的问题在于存在诸多的不确定性，也无从验证其理论的正确性。

因此，西方可持续发展理论的演进尽管整体看来具有连贯性，即从理论的最初探索、理论发展、理论深化，最后到理论的现代化发展，但是，其本身在不同的演进阶段是存在逻辑缺失的，这种逻辑缺失使西方可持续发展理论经不起认真推敲和深入研究。这种逻辑缺失展现出资本主义的发展方式并未触及人类社会发展的根本所在，其理论仅仅是为了处理资本主义社会矛盾而产生。尽管西方学者为资本主义不断地巧言辩护，但是，相关理论并未真正为人类社会的可持续发展指明方向。

## 四　如何正确认识西方可持续发展理论

西方可持续发展理论是具有一定参考价值的，西方经济学家们试图通过他们的生活经验和感受，建立起一套代表他们阶级的理论，他们通过很多大胆的猜想和假设，对未来社会的可持续发展做出自己的预判。但是，他们的理论并不能全面地展示当时整体的社会发展情况，或者说社会上各个阶层的所有人的状况，他们没有从本质上去研究可持续发展的意义、价值以及人类的福利问题，而是流于形式，没有全面、理性、客观地去研究发展的终极目标，这是西方可持续发展理论的致命缺陷。

首先是西方可持续发展理论的"人类中心主义"。无论是马尔萨斯的人口理论还是"李嘉图停滞"，都深层次透露出对人类可持续发展的悲观态度。他们认为人类是利己的、以自我为中心的动物，而地球资源是匮乏的，生存空间是有限的，终有一天，人类会为了生存而自相残杀。然而，人类不是地球的中心，更不是宇宙的中心，这是彻头彻尾的主观臆想和虚假不实的"人类中心主义"，是为了通过技术主宰自然而创造的借口。

其次是西方可持续发展理论中的"西方中心主义"。西方可持续发展理论是在西方社会发展经验的基础上建立的，并不是从整个世界的角度进行分析的，同时，世界上的多数环境和资源问题也是西方造成的，所以其解决的方法也是依托西方的社会现状提出的。当我们以更宏观的视角去考虑全球性的可持续发展问题时，西方可持续发展理论不再适用。世界是多元化的，当前很多发展中国家正在崛起，其特色的发展方式也是经过验证的成功的道路，但是，西方国家有着一种独特的自大和优越感，对很多国家的发展视而不见，归根结底是西方国家的自我中心意识作祟。

再次是西方可持续发展理论的选择性回避。自边际革命以来，可持续发展理论处于休眠状态，西方国家忙于经济发展，造成了严重的环境污染和资源问题。早期，西方国家为了经济利益，大肆开采和利用矿物资源，它们一味地追求经济的高增长，积累了大量的财富，却导致地球大部分的资源耗竭，破坏了生态环境。西方国家在过去的几百年里，已然消费了世界上绝大多数的可耗竭物质资源，然而，现在它们不仅逃避国际责任，还遏制其他发展中国家的发展，以可持续发展为借口，不考虑发展中国家的现状，站在道德的制高点，一味地以相同的责任和义务要求发展中国家同它们一样进行环境保护，这完全是一种霸凌。

最后是西方可持续发展理论的方法论缺陷。西方可持续发展理论缺乏整体的逻辑性，其研究往往是针对个别问题和个别领域，缺少宏观的视野和根本性的方法论，不能用辩证的思维去思考客观的自然规律和人类主观能动性之间的关系，不能用矛盾的普遍性和特殊性分析人与自然的关系，不能用发展的眼光看待人口增长和环境变化，不能用联系的观点看待整体世界的发展与部分区域或国家的发展之间的关系等。因此，对于层出不穷的新问题，永远只是治标不治本。因此，发展中国家不能照搬西方可持续发展理论来解决自身的问题。

综上所述，西方可持续发展理论的科学性和批判性达不到马克思经济学的可持续发展理论的高度，也无法给人类提供一个根本性的解决方案。马克思经济学的可持续发展理论指出，资本主义生产方式是破坏人与自然的和谐、统一的症结所在，异化劳动致使人与自身异化、人与人异化、人与自然异化，最终结果是广大无产阶级生活在水深火热中，而资产阶级却享受着劳动人民的劳动成果。马克思经济学深刻地批判了资本主义生产方式，认为革命是推翻压迫的必由之路，只有让无产阶级掌握自己的劳动果实，人类才能自由地决定自我的发展，人才能回归人类的本质，才能实现人与自然的和谐统一。

通过对西方可持续发展理论的演进历程的研究，可以清楚地看到这一理论所具有的浓厚的西方资本主义色彩与内在的局限性、狭隘性。具体包括：强调"西方中心主义"，通过建立在西方经济社会基础上的一系列理论去思考世界未来发展问题，由此得出的研究结论既不全面也不准确；忽视了世界的广度和深度，片面地认为西方即世界，忽视了对欠发达国家和地区（其他人类文明）的考察，始终维护资本主义社会统治阶级的根本利益，对广大劳动者缺乏深入了解和分析，缺乏理论代表性。当前，我国正处于新发展阶段，我国的可持续发展理论应立足中国的基本国情，坚持马克思经济学可持续发展理论的总体方向，在此基础上丰富内涵、开拓创新，建立具有中国特色的可持续发展理论体系。

中国是四大文明古国之一，拥有着灿烂的历史与文明，中国早期的可持续发展思想主要体现为"天人合一"的思想。先秦时期传统的经典著作《周易》就曾表达过这样的理念，它将"春夏秋冬"四季与"元亨利贞"对应，"元者，善之长也。亨者，嘉之会也。利者，义之和也。贞者，事之干也"，表示天地生养万物的不同阶段；而"元亨利贞"又与"君子四德"相联系，"君子体仁足以长人；嘉会足以合礼；利物足以和义；贞固足以干事"。此为最初的"天人合一"的思想。庄子在《天道》中也表达过相似的观点："夫明白于天地之德者，此之谓大本大宗，与天和者也；所以均调天下，与人和者也。与人和者，谓之人乐；与天和者，谓之天乐。"所表达的就是人与人和谐、人与自然和谐的思想。到了宋代，程颢在《语录》中提出："天人本无二，不必言合。若不一本，则安得先天而天弗违，后天而奉天时？"新中国成立后，毛泽东同志说："人最初是不能将自己同外界区别的，是一个统一的宇宙观。"同时，他高举马克思主义旗帜，将可持续发展思想同人与自然关系的思想联系在一起，认为人们应该以谦虚谨慎的态度与自然和谐共处，人们应该敬畏自然。他说："自然界有个抵抗力，这是一条科学，你不承认，它就要把你整伤砸死。""如果对自然界没有认识，或者认识不清楚，就会碰钉子，自然界就会处罚我们，会抵抗。"1994年3月25日，《中国21世纪议程》经国务院第十六次常务会议审议通过，中国开始实施可持续发展战略，该战略目标为"建立可持续发展的经济体系、社会体系和保持与之相适应的可持续利用的资源和环境基础"。1995年9月25日至28日，党的十四届五中全会在北京举行，会议审议通过了《中共中央关于制定国民经济和社会发展"九五"计划和2010年远景目标的建议》。江泽民同志指出，在现代化建设中，必须把实现可持续发展作为一个重大战略。2013年9月7日，习近平主席在哈萨克斯坦纳扎尔巴耶夫大学发表演讲，他在回答关于环境保护的问题时强调："我们既要绿水青山，也要金山银山。宁要绿水青山，不要金山银山，而且绿水青山就是金山银山。"① 党的十九大报告指出："人与自然是生命共同体，人类必须尊重自然、顺应自然、保护自然。"② 党的二十大报告指出，人与自然是生命共同体，无止境地向自然索取甚至破坏自然必然会遭到大自然的报复。我们坚持可持续发展，坚持节约优先、保护优先、自然恢复为主的方针，像保护眼睛一样保护自然和生态环境，坚定不移走生产发展、生活富裕、

---

① 习近平. 弘扬人民友谊 共创美好未来［N］. 人民日报，2013-09-08（003）.
② 决胜全面建成小康社会 夺取新时代中国特色社会主义伟大胜利［N］. 人民日报，2017-10-19（002）.

生态良好的文明发展道路，实现中华民族永续发展。①

习近平总书记说："中国加强生态文明建设，既要紧密结合中国国情，又要广泛借鉴国外成功经验。"② 党的十八大报告也指出："我们坚定不移高举中国特色社会主义伟大旗帜，既不走封闭僵化的老路，也不走改旗易帜的邪路。"③ 因此，中国的可持续发展理论建设既不能完全遵循中国古代的可持续发展思想，也不能单纯地照搬西方可持续发展理论，有鉴于此，在可持续发展理论发展层面，笔者认为中国可持续发展需要践行人民至上的价值原则，要求理论代表最广大人民群众的利益，始终把人民群众的立场作为可持续发展的根本立场，在人民群众中寻求发展动力，为人民群众创造幸福；可持续发展理论需要遵循"全面性"的原则，需要摒弃"人类中心主义"和"西方中心主义"，尊重人类历史、尊重不同文明、尊重不同文化；需要警惕"经济唯物主义"倾向；需要以维护国家正当利益为准则；需要以发展的眼光看待问题，打破地理局限，开拓理论研究视野，以全球甚至人类所知的更广泛的宇宙为研究范围。

## （一）践行人民至上的价值原则

西方可持续发展理论由于自身的局限性和狭隘性，始终维护着资本主义社会统治阶级的根本利益，对广大劳动者缺乏深入了解和分析。中国是社会主义国家，自新中国成立以来，一直坚定不移地

---

① 高举中国特色社会主义伟大旗帜 为全面建设社会主义现代化国家而团结奋斗 [N]. 人民日报，2022-10-17（002）.

② 为携手创造世界生态文明美好未来 推动构建人类命运共同体作出贡献 [N]. 人民日报，2019-08-20（001）.

③ 坚定不移沿着中国特色社会主义道路前进 为全面建成小康社会而奋斗 [N]. 人民日报，2012-11-09（002）.

走社会主义发展道路。改革开放后，逐渐形成了中国特色社会主义道路。然而，尽管资本主义社会拥有世界上最先进的科学技术、丰富的物质生活，"而结果又怎样呢？过度劳动日益增加，群众日益贫困，每十年发生一次大崩溃"。资产阶级在面对社会经济危机时，不断拆东墙补西墙，最后遭殃的永远是人民群众。1848 年，《共产党宣言》正式出版，号召"全世界无产者，联合起来！"最广大的无产者正是其出发点和归宿，无产阶级的运动是为绝大多数人谋利益的运动。马克思经济学始终代表着最广大的无产阶级，马克思经济学的可持续发展理论始终服务于最广大的人民群众，因此，要以马克思经济学的可持续发展理论为指导，树牢以人民为中心的可持续发展理念，践行人民至上的价值原则。

首先，践行人民至上的价值原则要求中国的可持续发展理论必须站稳人民立场。中国共产党的根本宗旨是全心全意为人民服务。2015 年 10 月，在党的十八届五中全会上，习近平总书记提出坚持以人民为中心的发展思想。把人民群众的利益放在至高无上的地位，充分印证发展为了人民、发展依靠人民、发展成果由人民共享的发展理念。《中共中央关于党的百年奋斗重大成就和历史经验的决议》中提到"全党必须永远保持同人民群众的血肉联系，站稳人民立场，坚持人民主体地位，尊重人民首创精神，践行以人民为中心的发展思想"。[①] 因此，要树牢以人民为中心的可持续发展理念，始终把人民群众的立场作为可持续发展的根本立场，在人民群众中寻求发展动力，为人民群众创造幸福。

其次，践行人民至上的价值原则要求中国的可持续发展必须为

---

① 中共十九届六中全会在京举行［N］．人民日报，2021-11-12（001）．

人民群众办实事。"以人民为中心"并不是一个口号，要急人民群众所急，在社会发展的各个时期为人民群众办实事，使以人民为中心体现在社会建设的方方面面。党的十九大报告指出，我国社会主要矛盾已经转化为人民日益增长的美好生活需要和不平衡不充分的发展之间的矛盾。社会主要矛盾决定党和国家的根本任务，随着社会的稳步发展，人民群众对美好生活的要求也愈加广泛，不仅是单一的物质生活要求，还包括自然环境、生态平衡、污染治理、健康等方面的要求。党的二十大报告指出，要"深入贯彻以人民为中心的发展思想"，使"人民群众获得感、幸福感、安全感更加充实、更有保障、更可持续，共同富裕取得新成效"。① 因此，践行人民至上的原则是中国可持续发展理论需要遵循的首要原则。

**（二）具有"全面性"原则**

2015 年 10 月，习近平总书记在关于《中共中央关于制定国民经济和社会发展第十三个五年规划的建议》的说明中指出，发展理念是发展行动的先导，是管全局、管根本、管方向、管长远的东西，是发展思路、发展方向、发展着力点的集中体现。② "全面性"的发展理念是社会可持续发展的重中之重。辩证唯物主义的分析法要求实事求是，"全面性"就是从事物的普遍联系和全面发展中认识客观事物，"全面性"反对"片面性"。首先，"全面性"需要摒弃"人类中心主义"立场。第一，在生物学意义上，人类并不是特殊的物种，人类与地球上的其他生物一样，在自然界中具有同样的生物性地位。第二，在心理学层面上，人类确实拥有自我意

① 高举中国特色社会主义伟大旗帜 为全面建设社会主义现代化国家而团结奋斗［N］. 人民日报，2022-10-17（002）.

② 贯彻五大发展理念 实现百年奋斗目标［N］. 人民日报，2015-10-30（003）.

识，人类能够进行思考和选择。但是，这并不意味着人类是自然的主宰，人的精神并不高于自然，马克思解释了人类精神世界的来源，自然的一草一木正是人类的意识源泉。恩格斯认为神、宗教等是自然力人格化的表现，也是基于自然界衍生而来。因此，人的思维本质和基础是自然以及人类活动所引起的各种自然变化，一切宗教和信仰都来源于人对自然的未知和崇敬。第三，在哲学层面上，人是具有独立人格的个体，因而，人类在不同的文化中、不同的历史背景下会形成不同的社会关系和社会结构，人类的发展才会产生不同的方向。但是，很多生物体都有类似的社会结构，这些生物所在的族群中社会分工和社会等级可能会更加严格。

其次，"全面性"要求摒弃"西方中心主义"，世界上既不存在定于一尊的发展模式，也不存在放之四海而皆准的发展标准。"西方中心主义"和"历史虚无主义"实际上是一体两面，西方文明并非世界文明，西方的价值观也并非世界的价值观，西方国家在理论发展上大搞特搞"历史虚无主义"，否定了其他文明历史的存在，用一种蔑视的姿态不断挑衅世界其他文明，是极其狂妄自大的。西方可持续发展理论具有非常浓厚的西方资本主义色彩，存在一定的局限性和狭隘性。世界是多元的，世界文明是璀璨夺目的；中国历史博大精深，源远流长，无论是东方文明还是西方文明，都值得尊重。单纯的"西方中心主义"或"某国中心主义"都是不顾历史事实的一种偏见。中国可持续发展理论的构建应具有强大的包容性，尊重人类历史、尊重不同文明、尊重不同文化。

最后，具备"全面性"的可持续发展理论还应具备以下特征。一是客观性。可持续发展理论研究要立足于客观世界，以事实为依据。二是公平性。可持续发展要去中心化，打破阶级歧视、种族歧视、地域歧视、代际歧视，努力实现人人平等、代际公平，实现全世界全人类共同发展、全面发展。三是协调性。可持续发展是一个完整的、多层次的发展理念，要多方统筹、努力协调，实现人与自然的和谐共生、经济与社会和谐发展。四是绿色性。绿色发展是可持续发展的基本要求，要求改变以往的生产方式，采用低碳环保的发展模式，绿色发展要求将自然环境融入经济生产中，使环境在生产中实现自我清洁、自我更新，达到经济发展与环境保护的平衡。五是可持续性。可持续性是可持续发展的检验标准，可持续发展不仅需要清洁的绿色的经济发展方式，还需要对经济和社会具有稳定、持久贡献的发展方式。

### （三）警惕"经济唯物主义"倾向

几百年来，经济的快速发展引发了自然环境的重重危机，自然环境的破坏又极大地影响着人类的日常生活，经济发展最终是造福人类还是破坏了人类的社会和谐？经济发展和环境保护是否相互矛盾？人类社会的可持续发展应该怎么实现？这一系列问题引人思考。马克思经济学已经给出了正确实现方法，经济发展和环境保护是具有辩证关系的，只有让无产阶级掌握自己的劳动果实，人类才能自由地决定自我的发展，人才能回归到人类的本质，才能实现人与自然的和谐、统一，这正是实现可持续发展的基本表现，同时也是实现可持续发展的最终目标。一直以来，马克思经济学的可持续发展理论就包含着这样的目标，即最终实现共同富裕。马克思曾强调，当社会生产力发展到一定阶段后，人们将达到共同富裕。届时，社会上将有极丰富的物质，人们可以自由地支配自己的生活，每个人都可以实现自由发展。

在中国古代，共同富裕也是中国人民的基本理想，如孔子的

"不患寡而患不均，不患贫而患不安"，孟子的"老吾老，以及人之老；幼吾幼，以及人之幼"。《礼记》也描绘了"小康"和"大同"的社会状态。新中国成立后，党带领广大人民群众艰苦奋斗；随着改革开放，经济迅速腾飞，全国人民富起来；党的十九大报告强调要"不断促进人的全面发展、全体人民共同富裕"。但是，实现共同富裕不是一朝一夕能够达到的目标，共同富裕是一项艰巨而又长期的任务，必须将共同富裕这一理想目标摆在非常重要的位置，全国上下"脚踏实地，久久为功，向着这个目标作出更加积极有为的努力"①。2021 年 7 月 1 日，习近平总书记在庆祝中国共产党成立 100 周年大会上庄严宣告，经过全党全国各族人民持续奋斗，我们实现了第一个百年奋斗目标，在中华大地上全面建成了小康社会，历史性地解决了绝对贫困问题，正在意气风发向着全面建成社会主义现代化强国的第二个百年奋斗目标迈进。新中国成立时，举国上下一穷二白，几十年来，党中央带领全国各族人民不断开拓创新、奋勇直前、自强不息、艰苦奋斗，为实现中华民族的伟大复兴努力拼搏；到现在人民生活得到了前所未有的改善，人民群众基本实现"老有所养，幼有所教，贫有所依，难有所助，鳏寡孤独废疾者皆有所养"，全面建成小康社会，是中国共产党带领人民创造的又一个人间奇迹，让共同富裕有了更加坚实的物质基础和更为主动的精神力量。

**（四）以维护国家正当利益为准则**

邓小平同志说："我们都是以自己的国家利益为最高准则来谈问题和处理问题的。"习近平总书记指出："我们要坚持走和平发

---

① 习近平在中共中央政治局第二十七次集体学习时强调 完整准确全面贯彻新发展理念 确保"十四五"时期我国发展开好局起好步 [N]. 人民日报，2021-01-30（001）.

展道路，但决不能放弃我们的正当权益，决不能牺牲国家核心利益。任何外国不要指望我们会拿自己的核心利益做交易，不要指望我们会吞下损害我国主权、安全、发展利益的苦果。"国家正当利益与中国的可持续发展是高度一致的，中国的可持续发展理论必须以维护国家的正当利益为准则。就目前全球的环境形势来看，近几十年以来，急剧恶化的自然环境和生态危机已经危及人类社会的正常发展。2015 年，联合国 193 个会员国在可持续发展峰会上正式通过 2030 年可持续发展议程（2030 Agenda for Sustainable Development，以下简称"2030 年议程"），"2030 年议程"旨在消除贫困、消除饥饿、应对气候变化、加强可持续发展等。2019 年，在第四届联合国环境大会上，联合国环境规划署（UNEP）发布了第六期《全球环境展望》，指出当前我们赖以生存的唯一家园——地球已受到极其严重的破坏，并且破坏程度正在加快，若人类不立即采取更加科学的治理行动，那么自然环境将急剧恶化，地球的生态系统和人类的可持续发展事业也将受到更严重的威胁。必须采取前所未有的更加全面的发展方式，来扭转这种局面，从而保护人类和环境健康，并维护全球人类以及动植物的唯一家园。中国人民同世界的美好愿望是一致的，为了世界的可持续发展，中国于 2020 年 9 月正式提出 2030 年前碳达峰和 2060 年前碳中和目标，该任务虽然十分艰巨，但也体现了中国的大国担当以及实现人类可持续发展的决心。

但是，仅靠中国的决心和力量无法解决当前全球性的环境问题，跨国环境问题屡见不鲜。改革开放后，外国公司纷纷在中国建厂投资，随着经济全球化的发展，跨国贸易愈发增多，一方面，这对东道国中国是经济发展的良好机会，另一方面，也面临着来自跨国公司的环境侵权、环境损害、环境争端等。与发展中国家不同，发达国家将高排放、高污染行业通过全球化选址迁出本国，同时以跨国公司母子公司的财务管理方式实现资本和利润的回流，名义上是减排，实际上是污染转移，赚取了发展中国家的资源和人口红利等利益，损害了发展中国家的环境。中国是发展中国家，既要实现经济的稳步增长、实现人民的生活水平日益提高，又要在发展的同时，在国家关系格局中维护自身的正当利益。因此，中国的可持续发展理论应以维护国家的正当利益为准则，寻求符合中国基本国情的可持续发展理论。

**（五）以发展的眼光看待问题**

西方可持续发展理论的演变经历了理论最初探索阶段、理论发展阶段、理论深化阶段和理论的现代化发展阶段，形成了绝对稀缺论、相对稀缺论、自然和谐论、自然资源商品创造论等不同的理论形式，而这些可持续发展的理论在研究主题、理论形成动力和理论更迭的原因等方面都是具有明显差别的。首先，在理论的研究主题上，形成了以资源稀缺性和环境外部性为主的研究主题，而不同的时代主题是变化的。其次，在理论的形成动力上，以三次工业革命为主要的科学技术推动力。最后，在理论更迭的原因上，有资产阶级和无产阶级的矛盾、英国新兴中产阶级和贵族地主阶级的矛盾、美国中产阶级市民团体和政府公共力量的矛盾、社会主义阵营与资本主义阵营的矛盾等。同时，其理论具有地理范畴外延的倾向，从一国或一地区扩展至全球，目前形成了具有宇宙视角的可持续发展理论。这说明无论是经济学的研究还是可持续发展的理论研究，都是常变的。因此，中国的可持续发展理论要以发展的眼光把握方向。

毛泽东同志指出："人类总是不断发展的，自然界也总是不断发展的，永远不会停止在一个水平上。"习近平总书记强调："当今世界正经历百年未有之大变局，这样的大变局不是一时一事、一域一国之变，是世界之变、时代之变、历史之变。能否应对好这一大变局，关键要看我们是否有识变之智、应变之方、求变之勇。"辩证看待中国的可持续发展问题，就要用发展的眼光看问题，把握危中之机。"明者因时而变，知者随事而制。"因此，要摒弃不合时宜的旧观念，冲破制约发展的旧框框。当前，中国正处于发展的重要战略时期，机遇和挑战并存。党的十九届五中全会通过的《中共中央关于制定国民经济和社会发展第十四个五年规划和二〇三五年远景目标的建议》提出，要加快构建以国内大循环为主体、国内国际双循环相互促进的新发展格局。新发展格局是中国以发展的眼光，在综合分析国内外形势之后，对中国社会的可持续发展做出的符合历史潮流的重要决定。

理论联系实际是马克思主义主要的理论品质，是中国共产党的三大优良作风之一。习近平总书记强调："从历史和现实相贯通、国际和国内相关联、理论和实际相结合的宽广视角，对一些重大理论和实践问题进行思考和把握。"实践是检验真理的唯一标准，因此，笔者认为理论的发展需要应用于实际，用理论知识指导实际应用才能将理论发挥最大的效用。在中国可持续发展理论联系实际方面应该注意以下几点：加强政府宏观调控；健全环境保护立法，加快构建环境税收制度、罚金制度；鼓励成立环境保护非政府组织，调动社会力量；广泛开展国际合作。

一是加强政府宏观调控。20 世纪四五十年代，西方国家垄断资本主义形成，政府对可持续发展问题逐渐掌握了主动权，然而，近几十年来西方国家可持续发展相关问题的解决方式，从直接管控逐渐演变成一种以市场为导向的监督管理方法。在关于可持续发展问题的解决上，政府是关键，政府不仅能够代替子孙后代充当中间人的角色，还能代表最广大人民群众的根本利益，在中国面对可持续发展涉及的环境污染、资源稀缺等问题，采取国家干预是首选。政府能够着眼于全局，通过直接的或间接的控制，制定相关保护政策从宏观上把控环境与经济发展的基本走向。因此，在面对由于"市场失灵"而造成的外部性问题，要强化政府宏观调控，建立可持续发展的政策机制，加强政策引导。

二是健全环境保护立法，加快构建环境税收制度与罚金制度。中国目前相应的法律法规还不完善，尤其是环境保护的相关法律内容比较单一，细则还比较模糊。随着中国经济的发展，面对现实中逐渐多发的、多样的可持续发展问题，应广泛参考已发生的各类案例，提前搭建好法律框架体系，细化法律规则，做到有法可依。环境税一方面可以起到保护环境的作用，另一方面可以为政府带来税收，从而使政府可以增加在环境保护方面的投入，对企业和个人违反环境保护规章制度的行为还可以采取罚金制度。

三是鼓励成立环境保护非政府组织。20 世纪 60 年代开始，全球的环境保护非政府组织如雨后春笋般地成立起来，据统计，1976年，全球共有 532 个环境保护非政府组织，到现在非政府组织已经细化，仅世界自然保护联盟就已经有超过 1000 个非政府机构会员。在中国，环境保护民间机构出现于 20 世纪 90 年代，目前大概超过2000 多个。这些民间机构首先能够积极响应政府的号召，推动环境保护事业；其次能够普及环境保护知识，用更加轻松和易懂的方式教育大众；再次，能够对很多环境保护活动提供资助，促进环保公益事业；最后，通过这些非政府组织，可以及时发现环境保护制度的漏洞，推动社会主义生态文明的建设。

四是广泛开展国际合作。环境问题已然不是区域性的问题，为实现全球可持续发展，中国应主动参与全球绿色治理体系建设，在学习国际上成功的治理经验的同时，分享中国生态文明建设成果和绿色发展理念，为全球环境和气候治理贡献中国力量。积极开展绿色贸易合作，大力发展绿色环保技术，优化中国产业和贸易结构。加强国际绿色标准互信互认，通过共建"一带一路"等合作方式，扩大绿色产品进出口，向实现可持续发展的目标迈进。

# 小　结

中国的可持续发展理论要在理论上践行人民至上的价值原则，需要遵循"全面性"的原则，需要警惕"经济唯物主义"倾向，需要以维护国家正当利益为准则，需要以发展的眼光看待问题，还要在理论的基础上广泛联系实际，加强政府宏观调控，健全环境保护立法，加快构建环境税制度、建立罚金制度，鼓励成立环境保护非政府组织，调动起社会力量，广泛开展国际合作。除此之外，笔者认为实现可持续发展还要坚持走中国式现代化道路，坚定不移地贯彻"两山理念"，坚定不移地贯彻绿色发展理念。

实现可持续发展要坚定不移地贯彻"两山理念"。早在2005年，习近平同志就提出"绿水青山就是金山银山"。2013年，习近平主席在哈萨克斯坦纳扎尔巴耶夫大学演讲时的答问中再次强调："中国明确把生态环境保护摆在更加突出的位置。我们既要绿水青山，也要金山银山。宁要绿水青山，不要金山银山，而且绿水青山就是金山银山。我们绝不能以牺牲生态环境为代价换取经济的一时发展。"① "绿水青山就是金山银山"将经济发展和自然环境紧密联系在一起。

实现可持续发展要坚定不移地贯彻绿色发展理念。党的十八届五中全会强调，实现"十三五"时期发展目标，破解发展难题，厚植发展优势，必须牢固树立并切实贯彻创新、协调、绿色、开放、共享的发展理念。经济发展是解决一切基本问题的基础，但是发展必须是科学发展，不能盲目发展，破坏自然环境、打破人与自然的和谐是不可取的，因此，必须要坚定不移贯彻创新、协调、绿色、开放、共享的发展理念。新发展理念的提出深刻反映了党中央对科学发展规律的掌握，大力推进绿色发展，其本质正是马克思经济学可持续发展理论中的基本内涵之一，即绿色发展是要解决好人与自然相互之间的关系，实现人与自然和谐共生。"生态文明建设""绿色发展"被写进党章和宪法，成为全党的意志、国家的意志和全民的共同行动。中国生态文明建设践行的其实就是绿色发展理念。

中国是社会主义国家，也是发展中国家，可持续发展关乎最广大人民的根本利益，以人民为中心是可持续发展理论的"根"和"魂"，是实现共同富裕的必由之路。党和国家一直以来高度关注可持续发展理论问题，党的十八大提出"大力推进生态文明建设"，生态文明建设与全国人民的生产生活紧密地联系在一起，是可持续发展的重要内容。走好中国可持续发展道路关乎中华民族的未来，是实现中华民族永续发展的根本大计，关乎"两个一百年"奋斗目标和中华民族伟大复兴中国梦的实现。

---

① 习近平. 弘扬人民友谊 共创美好未来［N］. 人民日报，2013-09-08（003）.

# 参考文献

## 中文部分

［1］［英］阿尔弗雷德·马歇尔.经济学原理（上）［M］.朱志泰，译.北京：商务印书馆，2019.

［2］［英］阿瑟·塞西尔·庇古.福利经济学（上）［M］.朱泱等译.北京：商务印书馆，2017.

［3］艾尚乐.浅析当代经济发展模式之争——从《增长的极限》到可持续发展［J］.中国市场，2009（22）：98-99.

［4］［英］芭芭拉·沃德，勒内·杜博斯.只有一个地球［M］.《国外公害丛书》编委会，译.长春：吉林人民出版社，1997.

［5］百年回眸：马尔萨斯人口论的再评价［J］.人口研究，1998（01）：24-34.

［6］［法］保尔·芒图.十八世纪产业革命——英国近代大工业初期的概况［M］.杨人楩，等，译.北京：商务印书馆，1983.

［7］［英］彼罗·斯拉法，主编.李嘉图著作和通信集 第 1 卷 政

治经济学及赋税原理 [M]．郭大力，王亚南，译．北京：商务印书馆，1981．

[8] 伯约恩·隆鲍格，奥里维耶·鲁宾，靖节．增长极限论 [J]．国外社会科学文摘，2003（03）：12-13．

[9] ［英］布雷恩·威廉·克拉普．工业革命以来的英国环境史 [M]．王黎，译．北京：中国环境科学出版社，2011．

[10] 蔡昉．经济增长方式转变与可持续性源泉 [J]．宏观经济研究，2005（12）：34-37+41．

[11] 蔡宁，郭斌．从环境资源稀缺性到可持续发展：西方环境经济理论的发展变迁 [J]．经济科学，1996（06）：59-66．

[12] 蔡守秋，万劲波，刘澄．环境法的伦理基础：可持续发展观——兼论"人与自然和谐共处"的思想 [J]．武汉大学学报（哲学社会科学版），2001（04）：389-394．

[13] 常子晨，常东旭．增长极限论：可持续发展理论的重要源头 [J]．大连干部学刊，2012（04）：43-47．

[14] 车卉淳．关于环境问题的理论分析与政策比较 [J]．现代经济探讨，2003（02）：19-21+34．

[15] 陈国庆．环境经济学理论发展的评析 [J]．南京政治学院学报，2000（01）：65-68．

[16] 陈寿朋．加强生态道德建设 促进人与自然和谐 [J]．求是，2006（24）：48-50．

[17] 陈迎．环境经济学与可持续发展问题研究综述 [J]．世界经济，2000（03）：52-54．

[18] 陈云．生态经济学对新古典环境经济学的批判性思考及启示——兼论构建新时代生态经济学话语体系 [J]．国外社会

科学，2022（02）：166-176+200-201.

[19] 崔宇明，常云昆.环境经济外部性的内部化路径比较分析 [J].开发研究，2007（03）：40-43.

[20] ［英］大卫·李嘉图.政治经济学及赋税原理 [M].郭大力，等，译.南京：译林出版社，2011.

[21] 戴维·皮尔斯.经济学与环境：走向持久发展 [J].国际经济评论，1993（03）：55-62.

[22] ［美］丹尼斯·米都斯等.增长的极限：罗马俱乐部关于人类困境的报告 [M].李宝恒，译.长春：吉林人民出版社，1997.

[23] 邓俊康.英国圈地运动成功的历史经验 [J].文教资料，2011（04）：89-90.

[24] 邓小平.邓小平文选（第三卷） [M].北京：人民出版社，1993.

[25] 丁立群.人类中心论与生态危机的实质 [J].哲学研究，1997（11）：58-62.

[26] 丁任重.经济增长：资源、环境和极限问题的理论争论与人类面临的选择 [J].经济学家，2005（04）：11-19.

[27] 读《增长的极限》——罗马俱乐部报告（1972） [J].国外社会科学，1996（02）：92.

[28] ［法］杜尔哥.关于财富的形成和分配的考察 [M].南开大学经济系，经济学说史教研组，译.北京：商务印书馆，1961.

[29] 杜受祜.经济学的新领域：环境经济学 [J].经济体制改革，2001（03）：29-33.

［30］范军，李天威，张义生．当代环境经济学与可持续发展［J］.
环境保护，1996（06）：41-43.

［31］方时姣．绿色经济视野下的低碳经济发展新论［J］.中国人
口·资源与环境，2010（04）：8-11.

［32］冯华．怎样实现可持续发展——中国可持续发展思想和实现
机制研究［D］.复旦大学，2004.

［33］［奥］弗·冯·维塞尔．自然价值［M］.陈国庆，译．北京：
商务印书馆，1982.

［34］高建伟，牛小凡．科斯《社会成本问题》新解：三个"一以
贯之"［J］.天津商业大学学报，2021（06）：45-52+67.

［35］龚建国，李林，骆玲．中速低熵：一种崭新的可持续发展观
［J］.西南民族大学学报（人文社科版），2004（05）：39-42.

［36］谷树忠，胡咏君，周洪．生态文明建设的科学内涵与基本路
径［J］.资源科学，2013（01）：2-13.

［37］哈罗德·霍特林，赵新宇，王岚，黄嘉仪．可耗尽资源经济
学［J］.国有经济评论，2009（01）：11-32.

［38］韩宝平，孙晓菲，白向玉，魏颖．循环经济理论的国内外实践
［J］.中国矿业大学学报（社会科学版），2003（01）：58-64.

［39］郝俊英，黄桐城．环境资源产权理论综述［J］.经济问题，
2004（06）：5-7.

［40］贺灿飞，毛熙彦，彭建．环境经济地理研究的理论演进与展
望［J］.经济地理，2021（10）：70-78.

［41］贺立龙，陈中伟．论社会成本问题现代分析范式的形成——
科斯与庇古之争，是思想颠覆还是理论共建［J］.求索，
2013（10）：223-225+145.

[42] 侯冬梅. 哲学思维方式变革下的人类文明新形态——从"西方中心论"到人类命运共同体 [J]. 河南师范大学学报（哲学社会科学版），2022（02）：31-37.

[43] 侯文蕙. 20世纪90年代的美国环境保护运动和环境保护主义 [J]. 世界历史，2000（06）：11-19.

[44] 胡丹丹. 试论环境科学与环境经济学 [J]. 中国外资，2019（24）：35-36.

[45] 黄理彪.《增长的极限》与可持续发展战略 [J]. 广西社会科学，1999（05）：39-44.

[46] 计金标. 论生态税收的理论基础问题 [J]. 税务研究，1999（09）：31-35.

[47] 贾 [80] 向桐，刘琬舒. 人类中心主义与非人类中心主义的重叠共识——析彼得·温茨的环境协同论 [J]. 陕西师范大学学报（哲学社会科学版），2022（01）：28-36.

[48] 贾学军，彭纪生. 西方环境经济学语境下的生态解救之路——福斯特的批判与启示 [J]. 江西社会科学，2016（06）：26-33.

[49] 解保军，杜昀谦. 人与自然：从马克思的对象性关系论述看和谐共生关系 [J]. 哈尔滨工业大学学报（社会科学版），2019（02）：109-113.

[50] 解保军，郝琳. 马克思恩格斯对资本主义生产外部不经济问题的生态批判及意义 [J]. 国外理论动态，2017（10）：37-45.

[51] 解振华. 循环经济从理念到行动——《中国循环经济年鉴》（2008）前言 [J]. 再生资源与循环经济，2009（02）：5-7.

[52] 金书秦，宋国君，郭美瑜．重评外部性：基于环境保护的视角 [J]．理论学刊，2010（08）：37-41.

[53] 金燕．《增长的极限》和可持续发展 [J]．社会科学家，2005（02）：81-83.

[54] 决胜全面建成小康社会 夺取新时代中国特色社会主义伟大胜利 [N]．人民日报，2017-10-19（002）.

[55] ［奥］卡尔·门格尔．国民经济学原理 [M]．刘絜敖，译．上海：上海世纪出版集团，2001.

[56] ［德］卡尔·马克思．资本论 [M]．何小禾，编译．重庆：重庆出版社，2014.

[57] ［德］卡尔·马克思．资本论 第三卷 [M]．郭大力，王亚南，译．北京：人民出版社，2004.

[58] ［英］凯恩斯．就业、利息与货币通论 [M]．李欣全，译．北京：北京联合出版公司，2015.

[59] ［美］科斯，阿尔钦，诺斯．财产权利与制度变迁 [M]．刘守英等译．上海：上海人民出版社，1994.

[60] ［英］克拉潘．现代英国经济史上卷 [M]．姚曾广，译．北京：商务印书馆，1974.

[61] ［英］库拉．环境经济学思想史 [M]．谢扬举，译．上海：上海人民出版社，2007.

[62] 魁奈．魁奈经济著作选集 [M]．吴斐丹，张草纫，选译．北京：商务印书馆，1979.

[63] ［法］莱昂·瓦尔拉斯．纯粹经济学要义或社会财富理论 [M]．蔡受百，译．北京：商务印书馆，1989.

[64] ［美］莱斯特·布朗．环境经济革命 [M]．余慕鸿等译．北

京：中国财政经济出版社，1999.

[65] 蓝虹. 外部性问题、产权明晰与环境保护 [J]. 经济问题，2004（02）：7-9.

[66] 李剑，任立奎，王立杰. 自然资源与经济增长关系的研究进展 [J]. 中国矿业，2008（09）：5-8.

[67] 李娜. 经济可持续发展理论概述 [J]. 商场现代化，2016（06）：246-247.

[68] 李汝雄，王建基. 循环经济是实现可持续发展的必由之路 [J]. 环境保护，2000（11）：29-30.

[69] 李寿德，柯大钢. 环境外部性起源理论研究述评 [J]. 经济理论与经济管理，2000（05）：63-66.

[70] 李秀香，刘俊文. 论环境成本内在化与外在化 [J]. 生态经济，2007（03）：79-82.

[71] 李云燕. 环境外部不经济性的产生根源和解决途径 [J]. 山西财经大学学报，2007（06）：7-13.

[72] 李兆前，齐建国. 循环经济理论与实践综述 [J]. 数量经济技术经济研究，2004（09）：145-154.

[73] 李智鑫，郭四维. 帕萨·达斯古普塔对发展与环境经济学的贡献 [J]. 经济学动态，2018（08）：147-160.

[74] 李周. 环境与生态经济学研究的进展 [J]. 浙江社会科学，2002（01）：28-45.

[75] 李祝平，欧阳强. 马丁·威茨曼对当代环境经济学的贡献 [J]. 经济学动态，2014（09）：106-114.

[76] 廖红. 循环经济理论：对可持续发展的环境管理的新思考 [J]. 中国发展，2002（02）：28-34.

［77］林佳洋．环境与经济可持续发展相关问题探究［J］.中国集体经济，2021（16）：15-16.

［78］林建永，汤进华．工业增长的资源与环境制约——兼《增长的极限》一书介绍［J］.发展研究，2010（02）：55-60.

［79］凌斌．界权成本问题：科斯定理及其推论的澄清与反思［J］.中外法学，2010（01）：104-121.

［80］刘传祥，承继成，李琦．可持续发展的基本理论分析［J］.中国人口·资源与环境，1996（02）：7-11.

［81］刘翠英，王余川．略论环境经济学［J］.河北大学学报（哲学社会科学版），1998（02）：113-118.

［82］刘光明，蒋明方．西方经济伦理学的思想先驱——亚当·斯密与西斯蒙第经济伦理思想评述与比较［J］.华南师范大学学报（社会科学版），1995（01）：100-107.

［83］刘俊伟．马克思主义生态文明理论初探［J］.中国特色社会主义研究，1998（06）：55-58.

［84］刘仁胜．马克思关于人与自然和谐发展的生态学论述［J］.教学与研究，2006（06）：62-67.

［85］刘友芝．论负的外部性内在化的一般途径［J］.经济评论，2001（03）：7-10.

［86］卢现祥．环境、外部性与产权［J］.经济评论，2002（04）：70-74.

［87］陆静超，马放．外部性理论在环境保护中的运用［J］.理论探讨，2002（04）：43-44.

［88］陆学，陈兴鹏．循环经济理论研究综述［J］.中国人口·资源与环境，2014（S2）：204-208.

[89] 陆远如. 环境经济学的演变与发展 [J]. 经济学动态, 2004 (12): 32-35.

[90] 吕昭河. 马尔萨斯"两种抑制"的观点及解脱"人口陷阱"的制度条件 [J]. 人口学刊, 2001 (02): 35-38.

[91] 罗士俐. 外部性理论的困境及其出路 [J]. 当代经济研究, 2009 (10): 26-31.

[92] [德] 马克思, 恩格斯. 马克思恩格斯全集第 26 卷 [M]. 中共中央马克思恩格斯列宁斯大林著作编译局, 编译. 北京: 人民出版社, 2016.

[93] 马莉莉. 关于循环经济的文献综述 [J]. 西安财经学院学报, 2006 (01): 29-35.

[94] [英] 马尔萨斯. 人口论 [M]. 陈祖洲, 译. 西安: 陕西人民出版社, 2013.

[95] [英] 马尔萨斯. 人口原理 [M]. 朱泱, 等, 译. 北京: 商务印书馆, 1996.

[96] [英] 马歇尔. 经济学原理 上 [M]. 朱志泰, 译. 北京: 商务印书馆, 1964.

[97] [英] 马歇尔. 经济学原理 下 [M]. 朱志泰, 译. 北京: 商务印书馆, 1964.

[98] 马中. 环境经济学的源流与发展 [J]. 教学与研究, 1994 (06): 70-72.

[99] 马中, 蓝虹. 产权、价格、外部性与环境资源市场配置 [J]. 价格理论与实践, 2003 (11): 24-26.

[100] 马子红, 胡宏斌. 自然资源与经济增长: 理论评述 [J]. 经济论坛, 2006 (07): 45-48.

［101］［美］梅萨罗维克，［德］佩斯特尔．人类处于转折点：给罗马俱乐部的第二个报告［M］．梅艳，译．北京：生活·读书·新知三联书店，1987.

［102］［英］米香．经济增长的代价［M］．任保平，等，译．北京：机械工业出版社，2011.

［103］牟雁．环境经济学的发展趋势及其在我国的应用［J］．环境科学动态，2005（02）：40-41.

［104］穆贤清，黄祖辉，张小蒂．国外环境经济理论研究综述［J］．国外社会科学，2004（02）：29-37.

［105］牛文元．可持续发展理论的内涵认知——纪念联合国里约环发大会20周年［J］．中国人口·资源与环境，2012（05）：9-14.

［106］牛文元．循环经济：实现可持续发展的理想经济模式［J］．中国科学院院刊，2004（06）：408-411.

［107］潘恒健，杨凤．马尔萨斯人口论的科学性辨析［J］．经济研究导刊，2007（06）：9-10.

［108］［奥］庞巴维克．资本实证论［M］．陈端，译．北京：商务印书馆，1983.

［109］齐建国．关于循环经济理论与政策的思考［J］．经济纵横，2004（02）：35-39.

［110］［苏］齐曼．美国自然资源及其利用［M］．王守礼，译．北京：商务印书馆，1960.

［111］钱弘道．生态环境保护的经济分析［J］．政法论坛，2003（04）：143-150.

［112］秦麟征．增长的极限——国际著名未来研究机构罗马俱乐

部的发展观［C］//.第三届中国科学家教育家企业家论坛论文集，2004.

［113］邱耕田.从绝对人类中心主义走向相对人类中心主义［J］.自然辩证法研究，1997（01）：16-19+59.

［114］曲鹏.马尔萨斯是生态思想家吗？——福斯特对马尔萨斯主义的批判［J］.社会主义研究，2008（03）：27-30.

［115］曲如晓.环境外部性与国际贸易福利效应［J］.国际经贸探索，2002（01）：10-14.

［116］任力，吴骅.奥地利学派环境经济学研究［J］.国外社会科学，2014（03）：88-96.

［117］邵磊.可持续发展理论在西方经济学中的演进［J］.金融经济，2018（06）：141-142.

［118］申韬，徐静怡.国内环境经济学研究进展综述［J］.西部经济管理论坛，2020（06）：8-14.

［119］沈满洪.庇古税的效应分析［J］.浙江社会科学，1999（04）：22-27+21.

［120］沈满洪，何灵巧.外部性的分类及外部性理论的演化［J］.浙江大学学报（人文社会科学版），2002（01）：152-160.

［121］沈小波.环境经济学的理论基础、政策工具及前景［J］.厦门大学学报（哲学社会科学版），2008（06）：19-25+41.

［122］［美］斯科特·库拉，珍妮特·托马斯.环境经济学与环境管理理论、政策和应用（第3版）［M］.李建民，姚从容，译.北京：清华大学出版社，2006.

［123］［美］斯坦利·布鲁.经济思想史［M］.焦国华，韩红，译.北京：机械工业出版社，2008.

[124] ［英］斯坦利·杰文斯. 政治经济学理论 ［M］. 郭大力，译. 北京：商务印书馆，1984.

[125] 宋丽霞. 环境保护与可持续发展 ［J］. 科技致富向导，2014 (12)：58.

[126] 孙永平. 习近平生态文明思想对环境经济学的理论贡献 ［J］. 南京社会科学，2019 (03)：1-9.

[127] 孙钰. 城市环境外部性的经济分析与对策研究 ［J］. 财经问题研究，2003 (03)：80-83.

[128] 汤天滋. 主要发达国家发展循环经济经验述评 ［J］. 财经问题研究，2005 (02)：21-27.

[129] 唐佳敏，刘会强. 生命共同体视域下重建人与自然关系的辩证思考 ［J］. 知与行，2022 (01)：12-20+95.

[130] 唐仲麓. 环境经济学研究的根本任务是资源利用问题 ［J］. 科学·经济·社会，1992 (04)：76-77.

[131] 田道勇. 关于可持续发展苦干理论问题 ［J］. 山东师大学报 (社会科学版)，1995 (01)：8-11.

[132] 汪信砚. 人类中心主义与当代的生态环境问题——也为人类中心主义辩护 ［J］. 自然辩证法研究，1996 (12)：14-18.

[133] 汪信砚. 现代人类中心主义：可持续发展的环境伦理学基础 ［J］. 天津社会科学，1998 (03)：53-58.

[134] 王存同. 再论马尔萨斯 ［J］. 中国人口科学，2008 (03)：86-94+96.

[135] 王东杰，姜学民，杨传林. 论生态经济学与环境经济学的区别与联系 ［J］. 生态经济，1999 (04)：27-29.

[136] 王凤，李小红. 环境经济学研究新进展 ［J］. 经济学动态，

2009（06）：115-119.

[137] 王健康，万高潮.重评马尔萨斯的人口理论［J］.人口与经济，1997（03）：58-61+8.

[138] 王金南.发展循环经济是 21 世纪环境保护的战略选择［J］.环境科学研究，2002（03）：34-37.

[139] 王金南，逯元堂，曹东.环境经济学在中国的最新进展与展望［J］.中国人口·资源与环境，2004（05）：29-33.

[140] 王明远."循环经济"概念辨析［J］.中国人口·资源与环境，2005（06）：13-18.

[141] 卫玲，任保平.治理外部性与可持续发展之间关系的反思［J］.当代经济研究，2002（06）：7-9+18-73.

[142] ［法］西斯蒙第.政治经济学新原理［M］.何钦，译.北京：商务印书馆，2020.

[143] ［法］西斯蒙第.政治经济学研究第二卷［M］.胡尧步等译.北京：商务印书馆，2011.

[144] ［美］西蒙·库兹涅茨.现代经济增长：比率、结构及扩展［M］.戴睿，易诚，译.北京：北京经济学院出版社，1989.

[145] 夏光.环境经济学在中国的发展［J］.中国人口·资源与环境，1999（01）：25-29.

[146] 向昀，任健.西方经济学界外部性理论研究介评［J］.经济评论，2002（03）：58-62.

[147] 熊志军.科斯的社会成本问题及其现实意义［J］.江汉论坛，2002（01）：22-25.

[148] 徐波，邹东涛，白永秀，尤华.发达国家环境管理经济手段的类型与选择［J］.人文杂志，2003（01）：122-126.

[149] 许光伟. 《保卫〈资本论〉——经济形态社会理论大纲》解析 [J]. 《资本论》研究，2017 (00)：190-203.

[150] 许兴亚，贾轶. 环境问题与马克思主义经济学 [J]. 海派经济学，2008 (03)：133-142.

[151] [英] 亚当·斯密. 国民财富的性质和原因的研究 上 [M]. 郭大力，王亚南，译. 北京：商务印书馆，1983.

[152] [英] 亚当·斯密. 国民财富的性质和原因的研究 下 [M]. 郭大力，王亚南，译. 北京：商务印书馆，1983.

[153] 杨峻岭，吴潜涛. 马克思恩格斯人与自然关系思想及其当代价值 [J]. 马克思主义研究，2020 (03)：58-66+76+167.

[154] 杨瑞龙. 外部效应与产权安排 [J]. 经济学家，1995 (05)：52-59.

[155] 杨淑艳，任瞳. 马尔萨斯人口理论浅析 [J]. 中国科技信息，2009 (11)：221-222.

[156] 杨通进. 环境伦理学的三个理论焦点 [J]. 哲学动态，2002 (05)：26-30.

[157] 杨通进. 人类中心论与环境伦理学 [J]. 中国人民大学学报，1998 (06)：57-62+130.

[158] 叶平. 人与自然：西方生态伦理学研究概述 [J]. 自然辩证法研究，1991 (11)：4-13+46.

[159] 伊藤诚，丁晓钦. 对资本主义社会"人口自然法则"的重新审视 [J]. 海派经济学，2008 (03)：23-28.

[160] 尹传红. 物尽其用，各得其所——从"宇宙飞船经济学"说开去 [J]. 科技潮，2012 (11)：30-31.

[161] 尹磊. 环境税制度构建的理论依据与政策取向 [J]. 税务研

究，2014（06）：47-50.

[162] 于冰．马克思自然观的三个维度及现实意义［J］．马克思主义研究，2020（03）：67-76.

[163] 于珊．国外环境经济学研究进展综述［J］．经济视角，2021（03）：9-17.

[164] 余谋昌．生态人类中心主义是当代环保运动的唯一旗帜吗？［J］．自然辩证法研究，1994（09）：9-14.

[165] 袁素兴．试论环境经济理论的崛起和应用［J］．中州学刊，1995（05）：23-25.

[166] ［奥］约瑟夫·熊彼特．从马克思到凯恩斯十大经济学家［M］．宁嘉风，译．北京：商务印书馆，2013.

[167] ［美］约翰·肯尼斯·加尔布雷思．经济学与公共目标［M］．于海生，译．北京：华夏出版社，2010.

[168] ［英］约翰·穆勒．功利主义［M］．徐大建，译．上海：上海人民出版社，2008.

[169] ［英］约翰·穆勒．论自由［M］．孟凡礼，译．上海：上海三联书店，2019.

[170] ［英］约翰·穆勒．政治经济学原理及其在社会哲学上的若干应用（上卷）［M］．赵荣潜，等，译．北京：商务印书馆，1991.

[171] ［英］约翰·穆勒．政治经济学原理及其在社会哲学上的若干应用（下卷）［M］．赵荣潜，等，译．北京：商务印书馆，1991.

[172] 张百灵．外部性理论的环境法应用：前提、反思与展望［J］．华中科技大学学报（社会科学版），2015（02）：44-51.

[173] 张宏军. 外部性理论发展的基本脉络 [J]. 生产力研究，2008（13）：20-22.

[174] 张宏军. 西方外部性理论研究述评 [J]. 经济问题，2007（02）：14-16.

[175] 张会萍，邓力平. 跨国外部性、环境税与国际税收协调 [J]. 涉外税务，2001（09）：23-28.

[176] 张建武. 环境经济学：理论发展与启示 [J]. 华南师范大学学报（社会科学版），1999（01）：5-8+15.

[177] 张嫚. 经济发展与环境保护的共生策略 [J]. 财经问题研究，2001（05）：74-80.

[178] 张培丽，阴朴谦，管建洲. 人口、资源与环境经济学研究新进展及未来研究方向 [J]. 经济研究参考，2020（01）：27-45.

[179] 张群，戴淑芬. 现代环境经济学流派及其理论 [J]. 世界经济，1995（04）：26-30+46.

[180] 张世秋. 环境经济学研究：历史、现状与展望 [J]. 南京工业大学学报（社会科学版），2018（01）：71-77.

[181] 张舜栋. 环境负外部性的环境法新解析 [J]. 河北环境工程学院学报，2021（01）：23-26+32.

[182] 张天柱. 循环经济的概念框架 [J]. 环境科学动态，2004（02）：1-3.

[183] 章建刚. 人对自然有伦理关系吗？[J]. 哲学研究，1995（04）：46-52.

[184] 章铮. 环境与自然资源经济学 [J]. 环境保护，1997（09）：36-39.

[185] 赵春荣. "可持续发展"理论及其在中国的实践 [J]. 改革与理论, 1996 (04): 15-17.

[186] 赵敏. 环境规制的经济学理论根源探究 [J]. 经济问题探索, 2013 (04): 152-155.

[187] 赵子忱. 科斯《社会成本问题》的产权思想辨析 [J]. 南京大学学报 (哲学. 人文科学. 社会科学版), 1998 (01): 75-83.

[188] 郑家昊. 中国特色政府理论话语创新的历史向度——兼论对"西方中心主义"的批判 [J]. 行政论坛, 2022 (02): 47-53.

[189] 智国明. 庇古税、科斯定理与政府角色的定位——对"污染反弹"现象的分析 [J]. 郑州轻工业学院学报 (社会科学版), 2004 (03): 17-19+27.

[190] 中国科学院经济研究所世界经济研究室. 主要资本主义国家经济统计集: 1848~1960 [M]. 北京: 世界知识出版社, 1962.

[191] 周富祥. 我国环境经济学的理论与实践 [J]. 管理世界, 1993 (02): 192-197.

[192] 周宏春, 史作廷, 江晓军. 中国可持续发展 30 年: 回顾、阶段热点及其展望 [J]. 中国人口·资源与环境, 2021 (09): 171-178.

[193] 周纪昌. 马尔萨斯的自然资源稀缺论 [J]. 生态经济, 2012 (05): 24-27+31.

[194] 周俐萍. 环境经济政策实施的必然性分析 [J]. 商业时代, 2009 (07): 47-48.

## 英文部分

[1] Adam B. Jaffe, Richard G. Newell, Robert N. Stavins. Chapter 11-Technological Change and the Environment [J]. Handbook of Environmental Economics, 2003, 1 (01): 461-516.

[2] Allen R.. How to Save the World: Strategy for World Conservation [M]. Prentice-Hall of Canada, Ltd., 1980.

[3] A. Myrick Freeman III, Joseph A. Herriges, Catherine L. Kling. The Measurement of Environmental and Resource Values: Theory and Methods [M]. New York: Resources for the Future Press, 2014.

[4] Anthony C. Fisher. Resource and Environmental Economics [M]. Cambridge: Cambridge University Press, 1981.

[5] Arild Vatn. Rationality, Institutions and Environmental Policy [J]. Ecological Economics, 2005, 55 (02): 203-217.

[6] Ayres Robert U.. Resources, Environment, and Economics: Applications of the Materials/Energy Balance Principle [M]. NewYork: John Willey, 1978.

[7] Barbier Edward B.. The Concept of Sustainable Economic Development [J]. Environmental Conservation, 1987, 14 (02): 101-110.

[8] Barbier Edward B.. The Evolution of Economic Views on Natural Resource Scarcity [J]. Review of Environmental Economics and Policy, 2021, 15 (01): 24-44.

［9］ Harold J. Barnett, Chandler Morse. Scarcity and Growth: The Economics of Natural Resource Availability ［M］. Washington DC: Resources for the Future Press, 2013.

［10］ Bartelmus Peter. Environment and Development ［M］. London: Allen and Unwin, 1986.

［11］ Berta Nathalie. Incentives and Environmental Policies: From Theory to Empirical Novelties ［M］. Wiley-ISTE, 2019.

［12］ Bertinelli L., Strobl E., Zou B.. Sustainable Economic Development and the Environment: Theory and Evidence ［J］. Energy Economics, 2012, 34 (04): 1105-1114.

［13］ Boulding Kenneth E. The Economics of the Coming Spaceship Earth ［C］ //. Jarrett H., Ed., Environmental Quality in a Growing Economy, Resources for the Future, Baltimore: Johns Hopkins University Press, 1966.

［14］ Brown Becky J., et al.. Global Sustainability: Toward Definition ［J］. Environmental Manage, 1987, 11 (06): 713-719.

［15］ Brundtland Gro Hariem. World Commission on Environment and Development ［J］. Environmental Policy and Law, 1985, 14 (01): 26-30.

［16］ Buchmann-Duck Johanna, Beaziey Karen F. An Urgent Call for Circular Economy Advocates to Acknowledge Its Limitations in Conserving Biodiversity ［J］. Science of the Total Environment, 2020, 727 (01): 138602.

［17］ Burness S., Cummings R., Morris G., et al.. Thermodynamic and Economic Concepts as Related to Resource-Use Policies:

Reply [J]. Land Economics, 1980, 56 (1): 1-9.

[18] Cannon Christopher, Kelly Goldsmith, Caroline Roux. A Self - regulatory Model of Resource Scarcity [J]. Journal of Consumer Psychology, 2019, 29 (01): 104-127.

[19] Carraro C.. New Economic Theories: Impacts on Environmental Economics [J]. Environmental and Resource Economics, 1998, 11 (03): 365-381.

[20] Castro C. J.. Sustainable Development: Mainstream and Critical Perspectives [J]. Organization and Environment, 2004, 17 (02): 195-225.

[21] Catola Marco, Simone D'Alessandro. Market Competition, Lobbying Influence and Environmental Externalities [J]. European Journal of Political Economy, 2020, 63 (01): 101886.

[22] Chams Nour, Josep García - Blandón. On the Importance of Sustainable Human Resource Management for the Adoption of Sustainable Development Goals [J]. Resources, Conservation and Recycling, 2019, 141 (01): 109-122.

[23] Chava Sudheer. Environmental Externalities and Cost of Capital [J]. Management Science, 2014, 60 (09): 2223-2247.

[24] Chunbo Ma, David I. Stern. Environmental and Ecological Economics: A Citation Analysis [J]. Ecological Economics, 2006, 58 (03): 491-506.

[25] Clark W. C., Munn R. E.. Sustainable Development of the Biosphere [M]. Cambridge: Cambridge University Press, 1986.

[26] Clement Allan Tisdell. Economics of Environmental Conservation,

Second Edition [M]. Cheltenham: Edward Elgar Publishing Limited, 2005.

[27] Clive L. Spash, Anthony Ryan. Economic Schools of Thought on the Environment: Investigating Unity and Division [J]. Cambridge Journal of Economics, 2012, 36 (05): 1091-1121.

[28] Coase R. H. The Problem of Social Cost [M]. London: Palgrave Macmillan UK, 1960.

[29] Coomer James C.. The Nature of the Quest for a Sustainable Society [M]. New York: Pergamon Press, 1979.

[30] Copeland B. R., Taylor M. S.. Trade and the Environment [M]. New Jersey: Princeton University Press, 2003.

[31] Corinne Gendron. Beyond Environmental and Ecological Economics: Proposal for an Economic Sociology of the Environment [J]. Ecological Economics, 2014, 105 (09): 240-253.

[32] Cott J. Callan, Janet M. Thomas. Environmental Economics and Management: Theory, Policy, and Applications [M]. The United States of America: Cengage Learning, 2012.

[33] Daly Herman E.. The Economic Growth Debate: What Some Economists Have Learned but Many Have Not [J]. Journal of Environment Economics Manage, 1987, 14 (04): 323-336.

[34] Dantas Thales E. T. , E. D. de-Souza, I. R. Destro, et al.. How the Combination of Circular Economy and Industry 4. 0 can Contribute towards Achieving the Sustainable Development Goals [M]. Sustainable Production and Consumption, 2021, 26 (01): 213-227.

[35] David Pearce. An Intellectual History of Environmental Economics [J]. Annual Review of Energy and the Environment, 2002, 27 (01): 57-81.

[36] David Pearce. Blueprint 3: Measuring Sustainable Development [M]. London: Routledge, 1993.

[37] David Pearce, Warford J. J., et al.. World without End: Economics, Environment, and Sustainable Development [M]. New York: Oxford University Press, 1993.

[38] David P.. Environmental Economics: Policies for Environmental Management and Sustainable Development [J]. International Affairs, 1993 (03): 581.

[39] Deryugina Tatyana, Frances Moore, Richard S. J. Tol. Environmental Applications of the Coase Theorem [J]. Environmental Science and Policy, 2021, 120: 81-88.

[40] Eban S. Goodstein, Stephen Polasky. Economics and the Environment [M]. The United States of America: Quad Graphics, 2020.

[41] Edwards S. E.. In Defense of Environmental Economics [J]. Environmental Ethics, 1987, 9 (01): 73-85.

[42] Elias Lyman Magoon. The Home Book of the Picturesque [M]. New York: Putnam, 1852.

[43] Fonseca Luis Miguel, José Pedro Domingues, Alina Mihaela Dima. Mapping the Sustainable Development Goals Relationships [J]. Sustainability, 2020, 12 (08): 3359.

[44] Francis T. Potter, Neal Christy. Trends in Natural Resources

Commodities: Statistics of Prices, Output, Consumption, Foreign Trade and Employment in the United States, 1870 – 1957 [M]. Baltimore MD: Johns Hopkins University Press, 1962.

[45] Frei Regina, Lisa Jack, Sally-Ann Krzyzaniak. Sustainable Reverse Supply Chains and Circular Economy in Multichannel Retail Returns [J]. Business Strategy and the Environment, 2020, 29 (05): 1925–1940.

[46] Galbraith J. K.. The Affluent Society [M]. London: André Deutsch, 1958.

[47] García – Gusano Diego, I. Robert Istrate, Diego Iribarren. Life-Cycle Cnsequences of Internalising Socio-Environmental Externalities of Power Generation [J]. Science of the Total Environment, 2018, 612: 386–391.

[48] Gendron C.. Beyond Environmental and Ecological Economics: Proposal for an Economic Sociology of the Environment [J]. Ecological Economics, 2014, 105 (01): 240–253.

[49] Geoffrey Heal. Chapter 21 Intertemporal Welfare Economics and the Environment [J]. Handbook of Environmental Economics, 2005, 3 (01): 1105–1145.

[50] George P. Marsh. Man and Nature: or, Physical Geography as Modified by Human Action [M]. New York: Kessinger Publishing, 1864.

[51] Goodland R., Ledec G.. Neoclassical Economics and Principles of Sustainable Development [J]. Ecological Modelling, 1987, 38 (01): 19–46.

［52］Harold J. Barnett, Chandler Morse. Scarcity and Growth: The Economics of Natural Resource Availability ［M］. London: Oxford University Press, 1963.

［53］Hausman Catherine, Lucija Muehlenbachs. Price Regulation and Environmental Externalities: Evidence from Methane Leaks ［J］. Journal of the Association of Environmental and Resource Economists, 2019, 6 (01): 73-109.

［54］Herman E. Daly. Towards an Environmental Macroeconomics ［J］. Land Economics, 1991, 67 (02): 255-259.

［55］Irene Ring. Evolutionary Strategies in Environmental Policy ［J］. Ecological Economics, 1997, 23 (03): 237-249.

［56］Jabbour Charbel Jose Chiappetta, Joseph Sarkis, et al.. Who is in Charge? A Review and A Research Agenda on the 'Human Side' of the Circular Economy ［J］. Journal of Cleaner Production, 2019, 222 (01): 793-801.

［57］Jay Wright Forrester. World Dynamics ［M］. Cambridge, Massachusetts: Wright-Allen Press Inc., 1971.

［58］J. B. Opschoor. The Hope, Faith and Love of Neoclassical Environmental Economics ［J］. Ecological Economics, 1997.

［59］Jeroen C. J. M., Van den Bergh. Ecological Economics: Themes, Approaches, and Differences with Environmental Economics ［J］. Regional Environmental, 2001, 2 (01): 13-23.

［60］Jeroen C. J. M., Van den Bergh. Evolutionary Thinking in Environmental Economics ［J］. Journal of Evolutionary Economics, 2007, 17 (05): 521-549.

[61] Jeroen C. J. M. , Van den Bergh. Externality or Sustainability Economics? [J]. Ecological Economics, 2010, 69 (11): 2047-2052.

[62] Jeroen C. J. M. , Van den Bergh, John M. Gowdy. Evolutionary Theories in Environmental and Resource Economics: Approaches and Applications [J]. Environmental and Resource Economics, 2000, 17 (01): 37-57.

[63] Johansson-Stenman O. . The Importance of Ethics in Environmental Economics with a Focus on Existence Values [J]. Environmental and Resource Economics, 1998, (03): 429-442.

[64] John Maynard Keynes. Essays in Persuasion [M]. Edinburgh: R. and R. Clark Limited, 1931.

[65] John M. Gowdy. The Revolution in Welfare Economics and Its Implications for Environmental Valuation and Policy [J]. Land Economics, 2004, 80 (02): 239-257.

[66] Joseph J. Seneca , Michael K. Taussig. Environmental Economics [M]. State of New Jersey: Prentice Hall, 1974.

[67] Karl-Göran Mäler. Welfare Economics and the Environment [J]. Handbook of Natural Resource and Energy Economics, 1985, 1 (01): 3-60.

[68] Kavvada Argyro, et al. . Towards Delivering on the Sustainable Development Goals Using Earth Observations [J]. Remote Sensing of Environment, 2020, 247 (01): 111930.

[69] Kenneth Arrow, Bert Bolin, Robert Costanza, et al. . Economic Growth, Carrying Capacity, and the Environment [J]. Ecological

Economics, 1995, 15 (02): 91-95.

[70] Kirk Hamilton, Giles Atkinson. Wealth, Welfare and Sustainability: Advances in Measuring Sustainable Development [M]. Cheltenham: Edward Elgar Publishing, 2006: 224.

[71] Kolstad C. D., Smith V. K., Wilen J. E., et al.. Research Trends and Opportunities in Environmental and Natural Resource Economics [J]. Environmental and Resource Economics, 1998, 11 (03): 383-397.

[72] Kolstad Charles. Intermediate Environmental Economics: International Edition [M]. New York: Oxford University Press, 2011.

[73] Kula E.. History of Environmental Economic Thought [M]. New York: Routledge, 1997.

[74] Lahti Tom, Wincent Joakim, Parida Vinit. A Definition and Theoretical Review of the Circular Economy, Value Creation, and Sustainable Business Models: Where Are We Now and Where Should Research Move in the Future? [J]. Sustainability, 2018, 10 (08): 2799.

[75] Lewis Lynne, Thomas H. Tietenberg. Environmental Economics and Policy [M]. New York: Routledge, 2019.

[76] L. Venkatachalam. Environmental Economics and Ecological Economics: Where They can Converge? [J]. Ecological Economics, 2007, 61 (02-03): 550-558.

[77] Lydia Illge, Reimund Schwarze. A Matter of Opinion—How Ecological and Neoclassical Environmental Economists and Think about Sustainability and Economics [J]. Ecological Economics,

2009, 68（03）：594-604.

［78］ Ma C. , Stern D. I. . Environmental and Ecological Economics：A Citation Analysis ［J］. Rensselaer Working Papers in Economics, 2006, 58（03）：491-506.

［79］ Maureen L. Cropper, Wallace E. Oates. Environmental Economics：A Survey ［J］. Journal of Economic Literature, 1992, 30（02）：675-740.

［80］ Medema Steven G. . The Curious Teatment of the Coase Theorem in the Environmental Economics Literature, 1960 – 1979 ［J］. Review of Environmental Economics and Policy, 2020.

［81］ Mhatre Purva, et al. . Circular Economy in Built Environment – Literature Review and Theory Development ［J］. Journal of Building Engineering, 2021, 35（01）：101995.

［82］ Mikael Skou Andersen. An Introductory Note on the Environmental Economics of the Circular Economy ［J］. Sustainability Science, 2007, 2（01）：133-140.

［83］ Moyer Jonathan D. , Steve Hedden. Are We on the Right Path to Achieve the Sustainable Development Goals? ［J］. World Development, 2020, 127（01）：104749.

［84］ Munda Giuseppe. Environmental Economics, Ecological Economics, and the Concept of Sustainable Development ［J］. Environmental Values, 1997, 6（02）：213-233.

［85］ Nachmany M. . Regulation Theory and Sustainable Development：Business Leaders and Ecological Modernization ［J］. Environmental Values, 2014, 23（03）：211.

［86］ Negrei Costel, Nicolae Istudor. Circular Economy: Between Theory and Practice ［J］. Amfiteatru Economic Journal, 2018, 20 （48）: 498-509.

［87］ Nick Hanley, Jason F. Shogren, Ben White. Environmental Economics: In Theory and Practice ［M］. London: Macmillan Press Ltd. , 1997.

［88］ Nunes P. Economics of Environmental Conservation ［J］. Ecological Economics, 2007, 62 （01）: 194-195.

［89］ Oates Wallace E.. From Research to Policy: The Case of Environmental Economics ［J］. International Journal of Urban Sciences, 2000, 4 （01）: 1-15.

［90］ Opschoor H. , Straaten J.. Sustainable Development: An Institutional Approach ［J］. Ecological Economics, 1993, 7 （03）: 203-222.

［91］ Park R.. Growth Theory and Sustainable Development by L. Bretschger ［J］. Journal of Economics, 2001, 74 （03）: 316-322.

［92］ Partha Dasgupta. The Economics of the Environment ［J］. Environment and Development Economics, 1996, 1 （04）: 387-428.

［93］ Patrick M. Wright, et al.. Human Resources and the Resource Based View of the Firm ［J］. Journal of Management, 2001, 27 （06）: 701-721.

［94］ Pearce David. Economics and Environment: Essays on Ecological Economics and Sustainable Development ［M］. Cheltenham:

Edward Elgar Publishing, 1999.

[95] Pearce David, Edward Barbier, Anil Markandya. Sustainable Development: Economics and Environment in the Third World [M]. New York: Routledge, 2013.

[96] Pearce David. Optimal Prices for Sustainable Development: In Economics, Growth and Sustainable Environments [M]. London: Palgrave Macmillan, 1988.

[97] Pearce David W., Barbier Edward, Markandya Anil. Sustainable Development and Cost Benefit Analysis [R]. Canadian Environmental Assessment Research Council Workshop on Integrating Economic and Environmental Assessment, 1988 (11): 17-18.

[98] Pearce David W.. Cost-Benefit Analysis, Second Edition [M]. London and Basingstoke: The Macmillan Press Ltd., 1983.

[99] Pearce David W.. Foundations of an Ecological Economics [J]. Ecological Modelling, 1987, 38 (01): 9-18.

[100] Pearce David W.. Optimal Prices for Sustainable Development [M]. New York: St Martin's Press, 1988.

[101] Pearce David W., Warford Jeremy J.. World without End: Economics, Environment, and Sustainable Development [M]. New York: Oxford University Press, 1993.

[102] Pearce D., Turner R. K.. Economics of Natural Resources and the Environment [M]. London: Harvester Wheat Sheaf, 1990.

[103] Pearce D. W., Atkinson G. D., Dubourg W. R.. The Economics of Sustainable Development [J]. Annual Review of

Energy and the Environment, 1994, 19 (01): 457-474.

[104] Peng Benhong, Xin Sheng, Guo Wei. Does Environmental Protection Promote Economic Development? From the Perspective of Coupling Coordination between Environmental Protection and Economic Development [J]. Environmental Science and Pollution Research, 2020, 27 (31): 39135-39148.

[105] Perelman M.. An Application of Marxian Theory to Environmental Economics [J]. Review of Radical Political Economics, 1974, 6 (03): 75-77.

[106] Pham Nhat Minh, Huynh Toan Luu Duc, Nasir Muhammad Ali. Environmental Consequences of Population, Affluence and Technological Progress for European Countries: A Malthusian View [J]. Journal of Environmental Management, 2020, 260 (01): 110143.

[107] Philip Lawn. Frontier Issues in Ecological Economics [M]. Cheltenham: Edward Elgar Publishing Limited, 2007.

[108] Pirages Dennis C.. A Social Design for Sustainable Growth [M]. New York: Praeger, 1977.

[109] Polasky Stephen, et al.. Role of Economics in Analyzing the Environment and Sustainable Development [J]. Proceedings of the National Academy of Sciences, 2019, 116 (12): 5233-5238.

[110] President's Materials Policy Commission. Resources for Freedom, Foundation for Growth and Security, Vol. I [C]. Washington DC: US GPO, 1952.

[111] Reeks E.. Understanding Sustainability Economics: Towards

Pluralism in Economics [J]. Environmental Values, 2009, 18 (03): 386-389.

[112] Repetto Robert. The Global Possible: Resources, Development and the New Century [M]. New Haven: Yale University Press, 1985.

[113] Repetto Robert. World Enough and Time: Successful Strategies for Resource Management [M]. New Haven: Yale University Press, 1986.

[114] Richard B. Norgaard. Environmental Economics: An Evolutionary Critique and a Plea for Pluralism [J]. Journal of Environmental Economics and Management, 1985, 12 (04): 382-394.

[115] Richard P. F. Holt, Steven Pressman, Clive L. Spash. Post Keynesian and Ecological Economics: Confronting Environmental Issues [M]. Cheltenham: Edward Elgar Publishing Limited, 2009.

[116] Robert U. Ayres. Sustainability Economics: Where do We Stand? [J]. Ecological Economics, 2008, 67 (02): 281-310.

[117] Robert W. Hahn. The Impact of Economics on Environmental Policy [J]. Journal of Environmental Economics and Management, 2000, 39 (03): 375-399.

[118] Ronald H. Coase. The Problem of Social Cost [J]. Journal of Law and Economics, 1960, 3 (04): 1-44.

[119] Roy Cordato. Toward an Austrian Theory of Environmental Economics [J]. The Quarterly Journal of Austrian Economics, 2004, 7 (01): 3-16.

［120］ Russell Clifford S. Applying Economics to the Environment ［M］. New York: Oxford University Press, 2001.

［121］ Sachs Jeffrey D., et al.. Six Transformations to Achieve the Sustainable Development Goals ［J］. Nature Sustainability, 2019, 2 (09): 805-814.

［122］ Sachs Jeffrey, et al.. Sustainable Development Report 2021 ［M］. Cambridge: Cambridge University Press, 2021.

［123］ Sagoff Mark. Four Dogmas of Environmental Economics ［J］. Environmental Values, 1994, 3 (04): 285-310.

［124］ Shaw Napier, John Switzer Owens. The Smoke Problem of Great Cities ［M］. London: Constable Limited, 1925.

［125］ Shell K., Mishan E. J.. The Costs of Economic Growth ［J］. Journal of Finance, 1969, 24 (03): 561.

［126］ Shi L., Han L., Yang F., et al.. The Evolution of Sustainable Development Theory: Types, Goals, and Research Prospects ［J］. Sustainability, 2019, 11 (01): 7158.

［127］ Silvestre Bruno S., Diana Mihaela Țîrcă. Innovations for Sustainable Development: Moving toward a Sustainable Future ［J］. Journal of Cleaner Production, 2019, 208 (01): 325-332.

［128］ Spash, C. L., Anthony Ryan. Economic Schools of Thought on the Environment: Investigating Unity and Division ［J］. Cambridge Journal of Economics, 2012, 36 (05): 1091-1121.

［129］ Spash C. L.. The Development of Environmental Thinking in Economics ［J］. Environmental Values, 1999, 8 (04): 413-435.

[130] Stavins R. N.. Environmental Economics [J]. Social Science Electronic Publishing, 2007, 10 (02-04): 109.

[131] Østergaard Poul Alberg, et al.. Sustainable Development Using Renewable Energy Technology [J]. Renewable Energy, 2020, 146 (01): 2430-2437.

[132] Steve Sorrell, Eoin O'Malley. The Economics of Energy Efficiency [M]. Cheltenham: Edward Elgar Publishing Limited, 2004.

[133] Thacker Scott, et al.. Infrastructure for Sustainable Development [J]. Nature Sustainability, 2019, 2 (04): 324-331.

[134] Thomas H. Tietenberg, Lynne Lewis. Environmental and Natural Resource Economics [M]. New York: Routledge, 2018.

[135] Tietenberg Thomas H.. Environmental and Natural Resource Economics [J]. American Journal of Agricultural Economics, 1984, 188 (03): 33.

[136] Tietenberg Tom, Lynne Lewis. Environmental and Natural Resource Economics [M]. New York: Routledge, 2018.

[137] Tolba Mostafa K.. Sustainable Development - constraints and Opportunities [M]. London: Butterworths, 1987.

[138] Tomislav Klarin. The Concept of Sustainable Development: From Its Beginning to the Contemporary Issues [J]. Zagreb International Review of Economics and Business, 2018, 21 (01): 67-94.

[139] Trainer F. E.. Environmental Significance of Development Theory [J]. Ecological Economics, 1990, 2 (04): 277-286.

[140] Tsalis Thomas A., et al.. New Challenges for Corporate

Sustainability Reporting: United Nations' 2030 Agenda for Sustainable Development and the Sustainable Development Goals [J]. Corporate Social Responsibility and Environmental Management, 2020, 27 (04): 1617-1629.

[141] Turner R. K., Pearce David, and Iàn Bateman. Environmental Economics: An Elementary Introduction [M]. Baltimore: Johns Hopkins University Press, 1993.

[142] Turner R. K.. Sustainability, Resource Conservation and Pollution Control: An Overview [M]. London: Belhaven Press, 1988.

[143] Unat Ebru. A Review of Malthusian Theory of Population under the Scope of Human Capital [J]. Focus on Research in Contemporary Economics, 2020, 1 (02): 132-147.

[144] Van den Bergh, Jeroen C.. Ecological Economics: Themes, Approaches, and Differences with Environmental Economics [J]. Regional Environmental, 2001, 2 (01): 13-23.

[145] Verma Ashok Kumar. Sustainable Development and Environmental Ethics [J]. International Journal on Environmental Sciences, 2019, 10 (01): 1-5.

[146] Victor P. A.. Indicators of Sustainable Development: Some Lessons from Capital Theory [J]. Ecological Economics, 1991, 4 (03): 191-213.

[147] Walter Ryan. Malthus's Principle of Population in Britain: Restatement and Antiquation [J]. Malthus Across Nations. Edward Elgar Publishing, 2020 (01): 18-52.

[148] Welsch H.. Implications of Happiness Research for Environmental Economics [J]. Ecological Economics, 2009, 68 (11): 2735-2742.

[149] Wiggering R. H.. Steps towards Indicators of Sustainable Development: Linking Economic and Ecological Concepts [J]. Ecological Economics, 1997, 20 (01): 25-36.

[150] World Bank. Environment, Growth and Development [M]. Washington D. C.: Development Committee Pamphlet 14, World Bank, 1987.

[151] W. Stanley Jevons. The Coal Question: An Inquiry Concerning the Process of the Nation, and the Probable Exhaustion of Our Coal-Mines [M]. London: Macmillan And CO. , 1866.

[152] Xu Zhenci, et al.. Assessing Progress towards Sustainable Development over Space and Time [J]. Nature, 2020, 5 (7788): 74-78.

[153] Ziolo Magdalena, et al.. Finance, Sustainability and Negative Externalities. An Overview of the European Context [J]. Sustainability, 2019, 11 (15): 4249.

**图书在版编目（CIP）数据**

西方可持续发展的理论演进 / 于珊著 . -- 北京：
社会科学文献出版社，2025.6. -- ISBN 978-7-5228
-5333-8

Ⅰ. F113.4

中国国家版本馆 CIP 数据核字第 2025AH0159 号

## 西方可持续发展的理论演进

著　　者 / 于　珊

出 版 人 / 冀祥德
组稿编辑 / 陈凤玲
责任编辑 / 李真巧　武广汉
责任印制 / 岳　阳

出　　版 / 社会科学文献出版社·经济与管理分社（010）59367226
　　　　　　地址：北京市北三环中路甲 29 号院华龙大厦　邮编：100029
　　　　　　网址：www.ssap.com.cn
发　　行 / 社会科学文献出版社（010）59367028
印　　装 / 三河市龙林印务有限公司

规　　格 / 开　本：787mm×1092mm　1/16
　　　　　　印　张：15.25　字　数：183 千字
版　　次 / 2025 年 6 月第 1 版　2025 年 6 月第 1 次印刷
书　　号 / ISBN 978-7-5228-5333-8
定　　价 / 98.00 元

读者服务电话：4008918866